CHATEAUBRIAND

ET

MADAME DE CUSTINE

L'auteur et les éditeurs déclarent réserver leurs droits de reproduction et de traduction en France et à l'étranger.

Ce volume a été déposé au ministère de l'intérieur (section de la librairie) en avril 1893.

PARIS. — TYP. DE E. PLON, NOURRIT ET Cie, RUE GARANCIÈRE, 8.

CHATEAUBRIAND

ET

MADAME DE CUSTINE

ÉPISODES ET CORRESPONDANCE INÉDITE

PAR

É. CHÉDIEU DE ROBETHON

PARIS

LIBRAIRIE PLON

E. PLON, NOURRIT ET Cie, IMPRIMEURS-ÉDITEURS

RUE GARANCIÈRE, 10

—

1893

Tous droits réservés

INTRODUCTION.

En publiant, dans ce volume, les lettres inédites dont l'ensemble constitue la correspondance de Chateaubriand avec Madame la marquise de Custine, nous nous sommes proposé d'éclairer d'un jour nouveau la période très accidentée et très intéressante de leurs relations et de leur vie intime, qui embrasse près de vingt années, et s'étend même au delà, jusqu'à la mort de Madame de Custine en 1826.

Cette période a fait surgir beaucoup de récits divers et d'appréciations très inexactes, où le caractère de Chateaubriand est devenu l'objet des censures les plus sévères et les moins justifiées. Trompés par des documents incomplets et tronqués, entraînés par l'esprit de parti ou par une animosité personnelle, la plupart des écrivains ont chargé son portrait des plus sombres couleurs ; ils ont fait de Madame de Custine une victime de l'inconstance et d'un lâche abandon, et de Chateaubriand un froid adorateur, sans scrupule, sans remords et sans pitié. Tout cela n'est pas exact.

Et pourtant ces lettres inédites, destinées à faire la lumière et à rétablir la vérité, ces lettres qui empruntent une grande valeur au nom et à la célébrité de leur auteur, nous avons un instant hésité à les publier. Nous nous disions qu'elles n'ont point été destinées par Chateaubriand à la publicité, et que, toujours épris de la beauté de la forme et de la grandeur du style, il se serait refusé sans doute à placer à côté de ses autres œuvres des pages familières et sans apprêt. Il nous semblait aussi que par un sentiment de discrétion et d'honneur dont il ne s'est jamais départi, il se serait gardé de mettre en scène une femme qu'il avait aimée. Il a toujours respecté le mystère des passions qu'il a inspirées, et si ce mystère a été quelquefois dévoilé, c'est par celles mêmes qui auraient eu le plus d'intérêt à s'en couvrir. Ne vaudrait-il pas mieux respecter sur ce point la volonté non pas certaine mais très probable de Chateaubriand, que de livrer en pâture à la curiosité publique les sentiments intimes d'une femme dont le nom n'appartient à l'histoire que par un acte de dévouement héroïque et de grand courage, et de rappeler sans nécessité l'attention sur des faiblesses auxquelles la gloire et l'amour d'un homme de génie peuvent servir d'excuse ?

Mais une considération domine toutes les autres : si la vie de Chateaubriand et de Madame de Custine a été présentée sous de fausses couleurs, et si nous possédons des documents qui les rectifient, nous devons les produire. La vie de Madame de Custine est, depuis longtemps, exposée au grand jour dans des œuvres nombreuses et brillantes. La publication que nous allons faire ne saurait donc nuire à sa mémoire ; tandis qu'elle disculpe Chateaubriand. Et qui sait si, en les faisant mieux connaître, elle ne les fera pas aimer tous les deux davantage ?

Cependant, ces quarante lettres inédites que Madame de Custine nous a conservées elle-même, seraient presque inintelligibles si on les détachait du cadre où elles se sont produites. Il fallait donc rappeler quelques-uns des antécédents de leur auteur, l'épisode de son mariage, par exemple, où la vérité a besoin d'être rétablie et dégagée des fables dont on l'entoure. Il fallait aussi mettre en scène, sans s'écarter du sujet principal, quelques-uns des personnages qui se trouvent mêlés, à des titres divers, aux relations de Chateaubriand et de Madame de Custine, comme Madame de Beaumont, M. Bertin, le duc d'Otrante, malheureusement aussi Astolphe de Custine, et d'autres encore.

Tel est le cadre que nous nous sommes tracé. Il est restreint, mais il suffit. Comme dit le poète :

> humanos mores nosce volenti
> sufficit una domus.

CHAPITRE PREMIER.

Le portrait et la légende. — Deux camps opposés. — Le mariage de Chateaubriand. — L'émigration. — Le salon de Madame de Beaumont. — Le *Génie du christianisme*. — Voyage en Bretagne.

Ce n'est pas seulement par les œuvres littéraires qu'ils livrent au public et qu'ils composent en vue de la postérité qu'il faut juger les grands écrivains. Sans doute leurs œuvres capitales, celles dont la célébrité retentit à travers les siècles, suffisent pour faire apprécier la nature de leur talent, pour mettre en relief les qualités maîtresses de leur génie, et les classer dans l'une ou l'autre des sphères de l'intelligence, suivant que l'imagination ou le raisonnement prédomine en eux, et en fait des poètes ou des philosophes, des hommes d'État, des orateurs ou des historiens. On connaît d'eux, par leurs livres, l'homme public, au plus haut degré de puissance où ses qualités spéciales ont pu l'élever, mais son caractère, les tendances particulières de son esprit, sa nature intime, l'homme privé, en un mot, ne nous sont entièrement révélés que par les plus secrets détails de sa biographie, par sa correspondance, surtout par celle qu'il n'a point écrite pour le public.

Et cette étude de l'homme intérieur n'est pas un travail de pure curiosité : combien d'erreurs ce genre de recherches ne rectifient-elles pas ? Ne sont-elles pas indispensables pour bien comprendre un écrivain dans ses œuvres, même les plus élevées ? Comment fera-t-on disparaître, par exemple, si ce n'est par ces documents intimes, ce qu'il y a de contradictoire et d'inconciliable entre le portrait généralement adopté et qui devient légendaire d'un Chateaubriand dur, morose, fantasque, égoïste, et ses œuvres empreintes d'une sensibilité si vive et de sentiments si élevés? Ceux de ses amis qui l'ont le mieux connu nous le peignent, au contraire, doué des qualités les plus charmantes, la cordialité et l'enjouement, d'une constance inaltérable dans ses engagements, d'une générosité habituellement prodigue jusqu'à l'excès, et personne plus que lui n'aurait eu le droit d'écrire, comme il l'a fait : « Mes amis d'autrefois sont mes amis « d'aujourd'hui et ceux de demain. »

Autour de la mémoire de Chateaubriand se sont formés deux camps opposés ; dans l'un, admiration sans bornes, dans l'autre, dénigrement et implacable condamnation de l'homme et de ses œuvres. En quoi il n'est pas probable que, d'un côté ou de l'autre, tous se trompent absolument, mais chacun examine le même sujet par un côté différent. Chateaubriand était un poète, non un penseur et un politique ; aussi en littérature a-t-il donné des tableaux et des descriptions dans le style propre à la poésie, qui est le langage de l'émotion. Qu'y a-t-il d'étonnant, si l'on exige de lui la profondeur d'une savante analyse, qu'on s'aperçoive aussitôt qu'il remplace en général le raisonnement par des images ? C'est en vain, par exemple, qu'on chercherait dans le *Génie du christianisme* une savante apologie, une démonstration théologique qui ne s'y trouve pas, et que l'auteur n'avait pas entreprise. Renfermé dans sa sphère, il est resté poète, et, dans ces limites, il a créé un chef-d'œuvre.

En politique, il en est de même. La poésie et la politique diffèrent essentiellement par leur objet et par la langue même qu'elles emploient. La poésie, peu importe qu'elle s'exprime en vers ou en prose, vit dans la sphère des idées les plus générales. La politique, au contraire, n'a pour objet que des idées particulières, et en cela, elle est inférieure à la poésie ; elle ne s'exerce que sur des faits accidentels et contingents. Aussi, le poète, sortant de son domaine pour entrer dans celui de la politique, pourra bien y apporter les idées générales et les plus hautes aspirations, mais il se sentira toujours mal à l'aise dans la succession des faits variables qui forment le champ indéfini de l'expérience.

Cette préoccupation des images et de la forme poétique poursuivait Chateaubriand jusque dans ses études. Il n'avait pas l'érudition d'un savant, mais il possédait des connaissances variées très étendues. Il avait beaucoup étudié les littératures antiques ; il citait les poètes grecs avec une évidente prédilection, beaucoup moins souvent les poètes latins et plus rarement encore les prosateurs, les historiens ou les philosophes. C'est avec les poètes de la Grèce qu'il était en communion d'idées ; c'est auprès d'eux qu'il cherchait avec délices la beauté des formes, la variété et la magnificence des images et les secrets d'une harmonie qui n'a été surpassée dans aucune autre langue. Il puisait surtout avec amour à cette source charmante d'inspirations poétiques qui s'appelle l'*Anthologie grecque*. Assurément, il aurait applaudi à l'opinion exprimée par un savant de nos jours : « L'an-« tiquité gréco-latine, disait Littré, avait « amassé des trésors de style sans les-« quels rien d'achevé ne devait plus se « produire dans le domaine de la beauté « idéale. L'art antique est à la fois un « modèle et un échelon pour l'art mo-« derne[1]. »

La politique, la religion, la poésie ont contribué dans des proportions diverses à soulever contre Chateaubriand l'hostilité persévérante dont nous avons parlé. En politique, le parti libéral, tout en cherchant et en parvenant à l'attirer dans son sein et à l'y retenir, n'a point oublié ses débuts autoritaires et absolutistes, ni son retour, après 1830, aux idées légitimistes, dont il est encore aujourd'hui considéré comme le représentant. Le parti royaliste, de son côté, lui garde rancune de son évolution vers le libéralisme, de ses intimités avec

---

1. Préface du *Dictionnaire de la langue française*.

le parti républicain, et fait peser, sur ce qu'il appelle sa défection, la responsabilité de la chute d'un trône. Il n'a donc satisfait personne ; il n'est resté l'homme d'aucun parti ; et cela se comprend de la part d'un poète : l'imagination seule est un guide trompeur, dont la base est fragile, et qui flotte au hasard parmi les tempêtes de la politique.

Ce que l'esprit de parti surtout n'a pu lui pardonner, ce sont ses sentiments religieux ; on en a discuté l'orthodoxie, on en a même contesté la sincérité, et le plus éminent critique de notre temps, mais le moins orthodoxe des hommes, Sainte-Beuve, s'est attaché avec une sorte d'acharnement à démontrer que Chateaubriand n'était même pas chrétien, et que toute sa religion formée d'images, de tableaux et de poésie, n'était qu'une œuvre d'imagination, presque une hérésie, en contradiction directe avec les dogmes et l'austérité du christianisme. Nous ne discuterons pas cette thèse, assez étrange sous la plume de son auteur ; nous ferons seulement observer que le sentiment religieux ne procède pas uniquement des facultés de la logique et du raisonnement, mais qu'il peut tout aussi bien trouver sa source dans les sentiments du cœur et les aspirations de l'imagination. Chateaubriand n'était pas un dialecticien, c'est évident, mais il était poète, et rien ne s'oppose à ce qu'un poète soit un chrétien. Le cœur, a dit Pascal, a ses raisons que la raison ne connaît point : on le sait en mille choses.

Chaque incident de sa vie, ses actions, ses intentions, ses rapports avec sa famille, sa conduite envers Madame de Chateaubriand, tout a servi de texte aux incriminations, disons mieux : aux condamnations portées contre lui.

Cependant la grande figure de Chateaubriand a survécu à toutes les critiques fondées ou non, et au dénigrement de parti pris contre sa personne et contre ses œuvres. C'est que, en effet, si l'on fait abstraction des côtés faibles qu'on trouve chez tous les hommes autant ou plus qu'en lui, si, dans son style, on passe condamnation sur l'exagération de quelques-unes de ses images, en faveur de toutes les autres, qui sont fort belles, il restera toujours dans ses œuvres l'empreinte d'une puissante faculté créatrice, d'une inspiration supérieure qui anime tous les sujets, les agrandit et les domine, un souffle poétique qui les parcourt et les élève jusqu'à l'idéal, une sorte de divination spontanée qui devance et prédit les événements. Amour du grand et du beau, noblesse et générosité des sentiments, horreur instinctive de tout ce qui est vil et bas, tels sont quelques-uns des traits qui caractérisent le génie de Chateaubriand.

Nous n'entreprendrons pas de rectifier toutes les erreurs que nous venons de signaler, ni d'écrire dans ce but l'histoire complète d'une vie que les *Mémoires d'outre-tombe* nous font parfaitement connaître. Notre tâche est plus bornée : nous voulons seulement apporter quelques documents nouveaux et inédits sur une période de vie intime, période limitée, mal connue, et par suite mal comprise.

Cette période est celle de la liaison qui a existé entre Madame de Custine et Chateaubriand.

Mais, pour placer les faits dans leur vrai jour, il est nécessaire de nous arrêter sur quelques-uns des événements qui l'ont précédée, et qui expliquent la situation personnelle de Chateaubriand à l'époque où elle a commencé.

Nous avons donc à parler d'abord de son mariage, dont l'histoire a été si étrangement défigurée qu'un écrivain l'a qualifié récemment de « singulier mariage » sur la foi d'un récit qui exige une rectification, une réfutation péremptoire.

Suivons d'abord, en le résumant, le récit

que Chateaubriand fait de son mariage dans les *Mémoires d'outre-tombe*.

Mademoiselle Céleste de Lavigne-Buisson, âgée de dix-sept ans, orpheline de père et de mère, demeurait à Paramé, près de Saint-Malo, chez son grand'père, M. de Lavigne, chevalier de Saint-Louis, ancien commandant de Lorient. Un mariage fut décidé par les sœurs de Chateaubriand entre elle et leur frère. Le consentement des parents de la jeune fille fut facilement obtenu, dit Chateaubriand. Un oncle paternel, M. de Vauvert, seul faisait opposition. On crut pouvoir passer outre. La pieuse mère de Chateaubriand exigea que la bénédiction nuptiale fût donnée par un prêtre non assermenté. Le mariage eut lieu secrètement. M. de Vauvert en eut connaissance et porta plainte. Sous prétexte de rapt et de violation de la loi, Céleste de Lavigne, devenue Madame de Chateaubriand, fut enlevée, au nom de la justice, et mise au couvent de la Victoire à Saint-Malo, en attendant la décision des tribunaux.

La cause *fut plaidée,* et le tribunal jugea l'*union valide au civil,* ajoute Chateaubriand. M. de Vauvert se désista. Le curé constitutionnel, *largement payé,* ne réclama plus contre la *première* bénédiction nuptiale, et Madame de Chateaubriand sortit du couvent, où sa sœur Lucile s'était enfermée avec elle.

Tel est le récit de Chateaubriand ; il est confus, embarrassé, manque sur certains points d'exactitude ; sur d'autres, il est en contradiction avec des documents authentiques. Mais Chateaubriand n'était pas un homme de loi, et par conséquent il ne faudrait pas exiger de lui la précision d'un procureur sur les questions de légalité et de procédure que son mariage a soulevées.

Il y a plusieurs rectifications à faire à son récit.

La famille de Lavigne, contrairement à l'assertion des *Mémoires,* ne donnait pas son consentement. Cependant on passa outre ; il n'y eut pas de publicité, pas de bans publiés ; qui les aurait publiés, puisque, au plus fort du schisme introduit dans l'Église par la Constituante, les prêtres non assermentés n'avaient plus d'église, qu'ils étaient forcés de fuir ou de se cacher, et qu'ils n'étaient pas plus compétents pour la publication des bans que pour la célébration du mariage même? La bénédiction nuptiale, celle que Chateaubriand appelle la *première* (il y en eut donc une seconde!), fut donnée sans l'accomplissement d'aucune des formalités prescrites par la loi alors en vigueur[1].

Il ne faut donc pas s'étonner que sur la plainte des parents de Mademoiselle de Lavigne, de M. de Vauvert ou de tout autre, la justice se soit émue et ait commencé contre Chateaubriand une procédure pour rapt, enlèvement de mineure, violation de la loi, comme le disent les *Mémoires d'outre-tombe*.

---

1. En vertu de la loi du 14 septembre 1791, le clergé *constitutionnel* restait chargé des actes de l'état civil, jusqu'à ce que la loi instituât d'autres fonctionnaires, ce qui n'eut lieu que par la loi du 20 septembre 1792.

Mais les choses en étant venues à ce point, la famille, comme il arrive d'ordinaire en pareil cas, se désista de son opposition et de sa plainte, et la justice, se prêtant aux circonstances, accorda des délais pour donner le temps de procéder à un mariage régulier et légal.

C'est, en effet, ce qui eut lieu. Dans l'église paroissiale de Saint-Malo, le curé constitutionnel et assermenté, M. Duhamel, après publication de bans, ou avec dispense régulière de publications, célébra publiquement le mariage de François-Auguste de Chateaubriand et de Céleste de Lavigne. Acte en fut dressé le jour même, 19 mars 1792, et c'est cet acte qui, au point de vue légal, constitue l'état civil des deux époux.

Le mariage ainsi célébré par le prêtre compétent, le tribunal correctionnel, saisi d'une plainte qui se trouvait désormais sans objet, n'avait plus qu'à prononcer une ordonnance de non-lieu, ou un acquittement. Mais Chateaubriand a eu tort de dire que la cause a été plaidée et que le tribunal a jugé *valide,* au civil, la bénédiction nuptiale du prêtre insermenté ; aucun tribunal n'aurait pu valider un mariage célébré sans publications, sans publicité, par un prêtre incompétent, c'est là une première erreur des *Mémoires;* c'en est une seconde de prétendre que le curé constitutionnel, grassement payé, ne *réclama* plus contre la première bénédiction nuptiale : il réclama si bien que, la considérant comme non avenue, il administra la seconde, ainsi que les registres de l'état civil de Saint-Malo en font foi.

Comment expliquer cependant que les *Mémoires d'outre-tombe* aient donné une version si peu exacte des faits ? La réponse est facile : mariés légitimement, mais non légalement, par le prêtre insermenté qu'ils avaient choisi, contraints par des poursuites judiciaires, M. et Madame de Chateaubriand ont dû se soumettre, comme à une formalité imposée, à la bénédiction du prêtre qu'ils considéraient comme schismatique ; mais tout en cédant à la nécessité, comme ils l'ont fait, ils n'ont pas moins continué à reconnaître, dans leur for intérieur, leur première bénédiction nuptiale comme le seul, le vrai lien religieux qui avait formé leur union, et il a répugné sans doute à Chateaubriand de faire l'aveu dans ses *Mémoires* qu'il ait pu être marié par un prêtre schismatique.

Les mêmes faits, à cette époque, ont dû se produire fréquemment. C'était une conséquence inévitable de cette constitution civile du clergé décrétée par l'Assemblée constituante. Les populations, surtout dans la Bretagne restée fidèle à ses prêtres persécutés, les suivaient hors des villes jusque dans les lieux déserts pour entendre la parole de Dieu et recevoir d'eux les secours de la religion. Que de mariages bénis par eux n'a-t-il pas fallu faire régulariser ensuite pour se mettre en règle avec la loi civile !

Il n'y a donc rien d'étrange, comme on

l'a prétendu, dans le mariage de Chateaubriand, et personne, sans doute, ne s'en serait occupé si son collègue à l'Académie française, M. Viennet, n'avait mis en circulation une historiette que Sainte-Beuve ne pouvait manquer de recueillir et qu'il a reproduite en ces termes :

« M. Viennet, dans ses mémoires (iné-
« dits) raconte qu'étant entré au service de
« la marine vers 1797, il connut à Lorient
« un riche négociant, M. Lavigne-Buisson,
« et se lia avec lui. Quand l'auteur d'*Atala*
« commença à faire du bruit, M. Buisson
« dit à M. Viennet : « Je le connais, il a
« épousé ma nièce, et il l'a épousée de
« force. » Et il raconta comment M. de
« Chateaubriand, ayant à contracter union
« avec Mademoiselle de Lavigne, aurait
« imaginé de l'épouser comme dans les
« comédies, d'une façon postiche, en se
« servant d'un de ses gens comme prêtre
« et d'un autre comme témoin. Ce qu'ayant
« appris, l'oncle Buisson serait parti,
« muni d'une paire de pistolets et accom-

« pagné d'un prêtre, et surprenant les
« époux de grand matin, il aurait dit à
« son beau-neveu : « Vous allez mainte-
« nant, Monsieur, épouser tout de bon
« ma nièce, et sur l'heure. » Ce qui fut
« fait. »

Dans ce récit, la vulgarité du style rivalise avec la fausseté évidente des faits. Par une grossière mascarade, on fait du prêtre orthodoxe appelé par la famille un domestique de Chateaubriand, qui à cette époque n'avait certainement pas de domestiques à son service personnel. Quant à ce mariage exigé par l'oncle Buisson, le pistolet au poing, c'est une pure et absurde invention : ce mariage n'aurait pas été plus régulier que le précédent, puisqu'il eût été clandestin et illégal, et que, de nouveau, il aurait fallu recourir, pour arriver à la légalité, à un troisième mariage, celui du curé constitutionnel. Or, en fait de mariages, il n'y en a eu que deux : celui du prêtre orthodoxe, qui a donné lieu aux poursuites, et celui du curé constitutionnel, célébré publiquement, régulièrement et dont l'acte existe. Le mariage du curé constitutionnel exclut donc nécessairement le prétendu mariage de l'oncle Buisson.

Mais il y a plus : cet oncle Buisson, « le « riche négociant de Lorient », n'a jamais existé : la famille de Lavigne n'a jamais entendu parler de lui, ni de son voyage à Saint-Malo, ni de ce mariage à main armée.

Dans une visite que nous fîmes à Sainte-Beuve vers la fin de sa vie, nous lui demandâmes s'il avait quelque document à l'appui du récit de M. Viennet, dont nous lui signalâmes l'invraisemblance.

« C'est là, nous dit-il, tout ce que j'en
« sais ; Viennet racontait cela, à l'Acadé-
« mie, à qui voulait l'entendre, du vivant
« même de Chateaubriand. Je mis par écrit
« son récit, et, pour plus de sûreté, je lui
« communiquai mon manuscrit en le
« priant de le corriger si j'avais mal rap-
« porté ses paroles. Il n'y changea que

« quelques mots. Ce manuscrit, portant
« les corrections de la main de Viennet,
« je l'ai encore là, dans ce secrétaire... Je
« vous le montrerai un autre jour. » L'état
de souffrance de Sainte-Beuve ne permettait pas d'insister pour qu'il le montrât
immédiatement, et, en définitive, nous
ne l'avons jamais vu. Peut-être, le retrouverait-on dans les papiers du célèbre critique. C'est le texte même de cette note
manuscrite, nous a dit Sainte-Beuve, qu'il
a reproduit dans son livre sur Chateaubriand : cependant, dans son « Chateau-
« briana », Sainte-Beuve ne parle pas de
sa note manuscrite, mais il s'autorise de
mémoires inédits de Viennet, ce qui n'est
pas la même chose. Il y a là une variante
que nous ne discuterons pas, mais que
nous signalons, sans y attacher plus d'importance qu'il ne faut.

« Vous devriez, ajouta Sainte-Beuve,
« tirer au clair cette affaire du mariage de
« Chateaubriand, en le rapprochant de la
« législation de l'époque et des documents

« que vous pourriez vous procurer. »
C'est ce que nous avons fait, et c'est sur des informations précises, émanant des sources les plus respectables, que nous avons écrit les lignes qui précèdent.

Marié au mois de mars 1792, Chateaubriand partit de Saint-Malo pour l'émigration, trois mois après, dans le courant de la même année. Toute sa famille approuvait sa détermination. Deux de ses sœurs, Lucile (plus tard Madame de Caux) et Julie (Madame de Farcy), en compagnie de la jeune Madame de Chateaubriand, le conduisirent jusqu'à Paris. Ils descendirent tous quatre à l'hôtel de Villette, impasse Férou, près des Jardins du Séminaire Saint-Sulpice ; des chambres y avaient été retenues. Ils y demeurèrent quelque temps, ensemble, et le 15 juillet 1792, Chateaubriand s'achemina vers l'Allemagne où il rejoignit l'armée des princes.

C'est alors que commença entre les

deux époux une longue séparation de huit ou dix années. La malignité en a fait un chef d'accusation contre Chateaubriand ; on lui a reproché, avec une apparence de raison, d'avoir oublié pendant trop longtemps qu'il était marié ! Pour les huit premières années, tant que dura l'émigration, l'accusation n'est pas fondée : cette séparation était une conséquence forcée. Chateaubriand émigré passa d'Allemagne en Angleterre et ne rentra en France qu'au printemps de 1800. Jusque-là tout s'explique et se justifie.

Mais pour la période qui suivit, de 1800 à 1804, il ne semble guère possible de trouver une raison suffisante. Pendant ces quatre années, il n'y eut cependant pas de rupture ; M. et Madame de Chateaubriand se virent quelquefois, assez rarement, et restèrent, croyons-nous, en correspondance. Mais ils demeurèrent séparés et ne reprirent pas la vie commune.

Au surplus voici les faits.

Immédiatement après son retour de

l'émigration, Chateaubriand écrivit à sa famille pour l'informer de son arrivée. Sa sœur aînée, la comtesse de Marigny, se rendit la première auprès de lui. Puis, Madame de Chateaubriand vint à son tour : « Elle était charmante, dit Chateaubriand, « et remplie de toutes les qualités propres « à me donner le bonheur que j'ai trouvé « auprès d'elle, depuis que nous sommes « réunis. » Il est possible qu'à cette époque, en 1800, les ressources manquassent pour former une installation.

Mais après la publication d'*Atala*, en 1801, et surtout après le *Génie du Christianisme*, les circonstances avaient dû changer. Pourquoi la réunion des époux ne se fit-elle pas alors ? Ce point est resté obscur ; aucune correspondance, aucun écrit de cette époque ne nous est parvenu. Mais il ne faut peut-être pas en chercher l'explication seulement dans les relations très mondaines de Chateaubriand, et l'influence qu'elles exercèrent sur sa conduite. Pour éclairer, autant qu'il est possible, cette période, nous dirons seulement que la charmante et fidèle amie de Madame de Chateaubriand, Lucile, passa à Paris une partie de l'année 1802, qu'elle était en relation avec Chênedollé, le confident le plus intime, à cette époque, des secrets de son frère, qu'elle faisait partie de la société de Madame de Beaumont, qu'entre Paris et Saint-Malo, elle servait d'intermédiaire et maintenait ainsi un lien d'intimité entre deux personnes qui lui étaient également chères : son frère et sa jeune belle-sœur.

M. et Madame de Chateaubriand se virent de nouveau à la fin de 1802, en Bretagne où Chateaubriand fit un court séjour de vingt-quatre heures. Il était question, en ce moment, de sa nomination prochaine au poste de secrétaire d'ambassade à Rome, et l'on comprend qu'il fût pressé de rentrer à Paris où sa présence était nécessaire. Mais que s'est-il passé pendant ce séjour, si court fût-il ? Aucune lettre, aucun document ne nous l'apprend. Peut-être pourrait-on suppléer à ce silence au moyen de traditions de famille qui paraissent exister, mais qui n'ont pas été et ne seront probablement jamais divulguées. Le champ reste ouvert aux conjectures¹.

La seule chose qui soit connue, c'est la conclusion de cette entrevue : il y fut convenu que Madame de Chateaubriand rejoindrait son mari à Rome. Joubert parlait de l'y accompagner.

Mais, comme nous le verrons, ce projet ne fut pas exécuté. C'est seulement au printemps de 1804 que M. et Madame de Chateaubriand se trouvèrent enfin réunis à Paris pour ne se plus quitter.

Il nous faut maintenant retourner sur nos pas et reprendre notre récit un peu plus haut.

---

1. A propos du mystère de cette vie conjugale de Madame de Chateaubriand, une hypothèse se présente naturellement à l'esprit. Elle expliquerait tout, et serait bien touchante. Mais ce n'est qu'une hypothèse ! Nous ne la donnerons pas : il faudrait trop de détails pour en montrer la vraisemblance.

2.

Après les dures années d'émigration qu'il avait passées à Londres dans la détresse, comme la plupart de ses compagnons d'infortune, et pendant lesquelles il avait trouvé le moyen de secourir des hommes encore plus malheureux que lui, Chateaubriand rentra en France, comme nous l'avons dit, au mois de mai de l'année 1800. Il débarqua à Calais avec un passeport au nom de Lassagne. Madame Lindsay et son parent Auguste de Lamoignon l'amenèrent à Paris, et Madame Lindsay l'installa d'abord dans un petit hôtel des Ternes, voisin de sa demeure. Fontanes, avec qui il s'était lié à Londres, vint aussitôt l'y chercher, l'emmena chez lui, rue Saint-Honoré, aux environs de Saint-Roch, le présenta à Madame de Fontanes, et le conduisit chez son ami Joubert, qui demeurait près de là dans la même rue. Joubert lui donna, pendant quelques jours, une hospitalité provisoire. Chateaubriand le quitta bientôt et, toujours sous le même pseudonyme, loua un entresol dans la rue de Lille, du côté de la rue des Saints-Pères.

On ne pouvait faire un pas dans ce Paris de la fin du siècle, sans se heurter aux souvenirs de la Terreur ; devant l'emigré rentré de la veille, ces souvenirs se dressaient tout sanglants à la place de la Révolution, où son frère et sa belle-sœur, avec tant d'autres illustres victimes, avaient été immolés. Ces scènes horribles où l'on voyait, comme disait son concierge de la rue de Lille, « couper la tête à des femmes « qui avaient le cou blanc comme de la « chair de poulet, » étaient présentes à tous les esprits et la populace en regrettait encore l'affreux spectacle.

C'est pendant ces tristes jours que Chateaubriand, sans ressources, à peu près sans domicile, inconnu de tous, se cachant sous un nom d'emprunt, en attendant sa radiation de la liste des émigrés, fut présenté à Madame de Beaumont, dont le salon, rue Neuve-de-Luxembourg, en face des jardins du Ministère de la Justice, était ouvert, en ce temps de renaissance sociale, à une société peu nombreuse, mais très choisie et composée d'hommes politiques, de littérateurs, d'artistes, déjà connus ou dont le nom était destiné à la célébrité.

Chateaubriand se mit au travail avec ardeur, et bientôt il publia (1801) le roman d'*Atala*. Le succès de ce livre, qui ouvrit à la littérature des voies nouvelles et inaugura le romantisme, est trop connu pour que nous en retracions l'histoire ; les éditions se multiplièrent rapidement, et son auteur, inconnu la veille, devint la célébrité du lendemain. Cependant les critiques ne manquèrent pas au nouvel ouvrage et à son auteur que l'amitié passionnée et le dévouement enthousiaste de Madame de Beaumont soutinrent au milieu de tous les orages.

Il en fut de même pour le *Génie du Christianisme* qu'il publia l'année suivante. Madame de Beaumont lui offrit, pendant l'été de 1801, l'hospitalité dans sa maison de campagne de Savigny. C'est là, sur les bords de l'Orge, sous les auspices et l'inspiration de cette femme aimable, dont l'âme était si forte et l'imagination si brillante, que le Comte de Marcellus la jugeait supérieure même à Lucile ; c'est là que le *Génie du Christianisme* fut terminé. Madame de Beaumont servait de secrétaire au poète, lui procurait les livres dont il avait besoin, et assistait, ravie, à toutes les vibrations de ce style magique qui, disait-elle, « lui faisait éprouver une « espèce de frémissement d'amour, et « jouait du clavecin sur toutes ses fibres ».

Bien des années plus tard, Chateaubriand, évoquant le souvenir de ces jours heureux de Savigny, écrira dans une de ses plus belles pages : « Je me rappellerai « éternellement quelques soirées passées « dans cet abri de l'amitié... La nuit, quand « les fenêtres de notre salon champêtre « étaient ouvertes, Madame de Beaumont « remarquait diverses constellations, en « me disant que je me rappellerais un jour « qu'elle m'avait appris à les connaître. De-

« puis que je l'ai perdue, non loin de son
« tombeau à Rome, j'ai plusieurs fois, du
« milieu de la campagne, cherché au firma-
« ment les étoiles qu'elle m'avait nommées;
« je les ai aperçues brillantes au-dessus des
« montagnes de la Sabine. Le lieu où je les
« ai vues, sur les bois de Savigny, et les
« lieux où je les revoyais, la mobilité de
« mes destinées, ce signe qu'une femme
« m'avait laissé dans le ciel pour me sou-
« venir d'elle, tout cela brisait mon cœur. »

Mais le temps des souvenirs et des regrets n'était pas encore venu. Après le retour de Savigny à Paris, la société de Madame de Beaumont se retrouva dans le salon de la rue Neuve-de-Luxembourg.

L'année 1802 fut consacrée, comme la précédente, aux travaux littéraires, et à la publication du *Génie du Christianisme.*

C'est à cette époque, vers le milieu du mois d'octobre, que Chateaubriand entreprit ce voyage de Bretagne dont nous avons parlé. Le 15 octobre il écrivit à Chênedollé :

Mon cher ami, je pars lundi pour Avignon, où je vais saisir, si je puis, une contrefaçon (du *Génie du Christianisme*) qui me ruine ; je reviens par Bordeaux et par la Bretagne. J'irai vous voir à Vire et je vous ramènerai à Paris où votre présence est absolument nécessaire, si vous voulez enfin entrer dans la carrière diplomatique.... Ne manquez pas d'écrire rue Neuve-de-Luxembourg (à Madame de Beaumont) pendant mon absence, mais ne parlez pas de mon retour par la Bretagne. Ne dites pas que vous m'attendez et que je vais vous chercher. Tout cela ne doit être su qu'au moment où l'on nous verra. Jusque-là, je suis à Avignon et je reviens en ligne droite à Paris.

On comprend pourquoi Chateaubriand s'entourait de tant de précautions et de mystères. Ce voyage de Bretagne, qui devait ramener l'infidèle époux aux pieds de la femme légitime, allait peut-être opérer leur rapprochement ; Madame de

Beaumont, qui ne pouvait se faire à cette idée, nous dit Chateaubriand, aurait éprouvé de mortelles angoisses si elle en avait été avertie.

Comme il l'avait annoncée à Chênedollé, il partit de Paris le lundi 18 octobre. Il se rendit directement à Lyon, où il fut reçu, nous disent les *Mémoires d'outre-tombe,* par le fils de M. Ballanche, propriétaire, après Migneret, du *Génie du Christianisme,* et qui devint son ami. « Qui ne « connaît aujourd'hui, dit-il, le philosophe « chrétien dont les écrits brillent de cette « clarté paisible sur laquelle on se plaît « à attacher ses regards comme sur le « rayon d'un astre ami dans le ciel. » On ne saurait caractériser avec plus d'exactitude et de poésie le talent littéraire de l'auteur d'*Antigone*.

Peut-être devons-nous à ce voyage de Lyon et aux entretiens de l'auteur avec ses imprimeurs la quatrième édition du *Génie du Christianisme,* en neuf petits volumes in-12, qui parut en 1804. Cette charmante

édition « de l'imprimerie Ballanche père
« et fils, *aux halles de la Grenette* », porte
pour épigraphe, qui n'a pas été reproduite
dans l'édition des œuvres complètes de
1826, cette phrase de Montesquieu : « Chose
« admirable ! La religion chrétienne qui
« ne semble avoir d'objet que la félicité
« de l'autre vie, fait encore notre bonheur
« en celle-ci. *Esprit des Lois,* liv. 24,
« chap. 3. [1] »

De Lyon, Chateaubriand passa à Avignon,
toujours à la poursuite de son contrefacteur qu'il finit par déterrer en courant de
librairie en librairie. Après vingt-quatre
heures, ennuyé déjà de poursuivre la fortune, il transigea presque pour rien avec
le voleur.

Enfin, après avoir visité Marseille, Nimes, Montpellier, Toulouse et Bordeaux,
il arriva en Bretagne le 27 novembre.

---

1. Cette jolie édition Ballanche est devenue très rare.
Elle est surtout recherchée par les bibliophiles à cause
des gravures de C. Boily, qui reproduisent avec un sentiment exquis le texte qui les a inspirés.

Comme nous l'avons dit, il ne resta qu'un jour auprès de sa femme et de ses sœurs.

Dans cette courte entrevue dont il serait si intéressant de connaître les détails, il fut convenu, c'est lui qui nous l'apprend, que Madame de Chateaubriand le rejoindrait à Rome.

Cependant, six mois plus tard, le 25 mai 1803, au moment de partir pour sa destination, il écrit au père de Chênedollé : « *Une personne* doit venir me rejoindre « dans six semaines ou deux mois en « Italie. Si vous y consentez, Chênedollé « viendra me rejoindre à Rome avec *la* « *personne que j'attends.* » Le 8 juin suivant, il écrit à Chênedollé dans le même sens : « Je crois que vous pouvez faire « vos préparatifs pour accompagner *nos* « *amis* cet automne », c'est-à-dire pour les amener à Rome.

Quels étaient ces amis ? Quelle était cette personne ? Ce n'était évidemment pas Madame de Chateaubriand, car il l'aurait nommée. N'était-ce pas plutôt Madame de

Beaumont? Ce voyage de Rome était-il déjà prémédité entre elle et lui, à l'insu de tous leurs amis? Un passage des *Mémoires d'outre-tombe* donne beaucoup de vraisemblance à cette hypothèse : « La « fille de M. de Montmorin (Madame de « Beaumont), dit Chateaubriand, se mou- « rait; le climat d'Italie lui serait, disait- « on, favorable; moi allant à Rome, elle se « résoudrait à passer les Alpes. Je me sa- « crifiai à l'espoir de la sauver. »

Mais la personne à laquelle les lettres à Chênedollé font allusion pourrait être aussi Madame de Custine, à qui Chateaubriand écrivait précisément à la même époque : « Promettez-moi de venir à Rome. »

Ainsi Chateaubriand, avec une légèreté difficile à justifier, convoquait simultanément trois personnes à le suivre dans la Ville éternelle : Madame de Chateaubriand, Madame de Beaumont et Madame de Custine. Faut-il s'étonner que, tombé par ses propres fautes dans d'inextricables difficultés, il ait, à cette époque, écrit à Fon-

tanes ces lignes équivoques : « Voilà où
« m'ont conduit des chagrins domestiques.
« La crainte de me réunir à ma femme m'a
« jeté une seconde fois hors de ma patrie.
« Les plus courtes sottises sont les meil-
« leures. Je compte sur votre amitié pour
« me tirer de ce bourbier ! » Etait-ce bien
à lui qu'il appartenait d'alléguer ses chagrins domestiques ?

En définitive, c'est Madame de Beaumont qui fit le voyage de Rome. Madame
de Custine en fut outrée ; nous verrons
plus loin comment elle en témoigna son
humeur. Quant à Madame de Chateaubriand, elle avait l'âme trop fière pour
aller disputer la place à ces deux rivales :
elle ne partit pas.

Les années de bonheur passent vite, et
malgré toute sa force d'âme, Madame de
Beaumont, pour qui Ruthières avait composé cette devise caractéristique : « Un
« souffle m'agite, rien ne m'abat, » voyait
sa santé dépérir ; on ne traverse pas im-
punément les épreuves de la Terreur ; le

massacre de son père le Comte de Montmorin et de presque toute sa famille lui avait porté à elle-même un coup fatal.

Aussitôt que Chateaubriand l'eut quittée pour se rendre à Rome, comme secrétaire d'ambassade auprès du Cardinal Fesch, Madame de Beaumont quitta Paris pour aller demander aux eaux du Mont-Dore le rétablissement de sa santé. Elle était déjà mortellement atteinte. « Je suis, écrivait-
« elle à un ami, dans un état de faiblesse
« qui m'ôte presque la force de désirer et
« de craindre. Je prends les eaux depuis
« trois jours. Je tousse moins, mais il me
« semble que c'est pour mourir sans bruit,
« tant je souffre d'ailleurs, tant je suis
« anéantie. Il vaudrait autant être morte. »

CHAPITRE II.

Départ pour Rome. — Mort de Madame de Beaumont. — Madame de Custine : ses premiers billets. — Madame de Chateaubriand à Paris. — La rue de Miromesnil et la Butte-aux-Lapins. — Les *Martyrs*. — La première communion d'Astolphe.

A ce moment même, Madame de Beaumont se préparait à exécuter son projet, que combattirent tous ses amis, de se rendre à Rome et d'y rejoindre Chateaubriand, malgré les obstacles résultant de sa santé, malgré l'imprudence, au point de vue des convenances, d'une pareille démarche. Joubert, affectueux et dévoué entre tous, opposa les plus puissantes raisons à cette fatale détermination ; Fontanes, d'un côté, M. Molé, de l'autre, firent tous leurs efforts pour en prévenir l'exécution. Rien n'y fit. A mesure que cette femme mourante allait dépérissant, il semblait qu'en elle les facultés de l'âme redoublaient de puissance avec l'exaltation d'un amour éperdu et qui n'avait plus rien de la terre.

« Je serai à Lyon du 15 au 20 septem-
« bre, écrivait-elle à Chênedollé. J'y res-
« terai le temps nécessaire pour arranger
« mon voyage ; ce sera l'affaire de quel-
« ques jours. » De Lyon, elle atteignit Milan le 1er octobre ; M. Bertin l'aîné, qui l'y attendait, la conduisit à Florence où Chateaubriand la rejoignit, et tous trois ils arrivèrent à Rome au commencement du mois d'octobre.

Cependant l'état de Madame de Beaumont s'aggravait de jour en jour. « Ceux
« qui se rappellent encore ou qui se rap-
« pelaient, il y a quelques années, Ma-
« dame de Beaumont, écrivait bien des
« années plus tard Charles Lenormant, la
« représentent comme sans beauté, dé-
« truite et d'une effrayante maigreur,
« mais avec une physionomie très tou-

« chante, et d'une étonnante supériorité ;
« c'était une lampe à demi éteinte qui
« jetait ses dernières clartés.¹ »

Elle mourut à Rome le 4 novembre 1803. Chateaubriand a consigné dans des pages immortelles le récit de ses derniers moments. Il ressentit une profonde douleur, et pendant toute sa vie le cher souvenir de Madame de Beaumont fut pour lui l'objet d'un culte. Il s'était dévoué à cette frêle existence, et jusqu'aux derniers moments il l'avait entourée de ses soins ; il a montré pour elle une rare abnégation, une tendresse de sentiment inépuisable, un désintéressement absolu. Cette constance à l'amitié, dans des circonstances difficiles, au milieu des embarras d'argent dont nous parlerons, réfutent péremptoirement les accusations de sécheresse de cœur et d'égoïsme qui lui ont été si souvent adressées. Il pleura Madame de

---

1. Souvenirs d'enfance et de jeunesse de Chateaubriand.

Beaumont dans toute l'amertume de sa douleur. « On n'a pas senti, disait-il, « toute la désolation du cœur quand on « n'est pas resté seul à errer dans les « lieux naguères habités par une per- « sonne qui avait agréé votre vie. »

Cette douleur était partagée par tous ceux que Madame de Beaumont avait honorés de son amitié, mais personne ne la ressentit plus profondément que Joubert. « Je ne vous écris rien de ma douleur, « écrit-il à Chênedollé, elle n'est point « extravagante, mais elle sera éternelle. « Quelle place cette femme aimable oc- « cupait pour moi dans le monde ! Cha- « teaubriand la regrette sûrement autant « que moi, mais elle lui manquera moins « ou moins longtems... Vous aurez la re- « lation de ses derniers moments. Rien « au monde n'est plus propre à faire « couler les larmes que ce récit ; cepen- « dant il est consolant. On adore ce bon « garçon en le lisant, et quant à elle, on « sent, pour peu qu'on l'ait connue,

« qu'elle eût donné dix ans de sa vie
« pour mourir si paisiblement et pour
« être ainsi regrettée. »

Un passage de cette lettre de Joubert
exige des explications : « Chateaubriand
« regrette sûrement Madame de Beau-
« mont autant que moi, mais elle lui man-
« quera moins ou moins longtems. »
Cette assertion vraie dans un sens ne l'est
pas dans un autre, et c'est ici que des faits
mis aujourd'hui en pleine lumière nous
révèlent clairement Chateaubriand avec
toute la mobilité de ses passions et toute
la persévérance de ses amitiés. On ne peut
nier ses faiblesses, l'inconstance de ses
désirs, l'entraînement qui l'emportait sans
cesse vers des passions nouvelles. Mais
ces passions se transformaient vite en un
sentiment plus élevé et plus pur d'affection pleine de tendresse, d'inaltérable
amitié qui durait autant que la vie.

C'est donc avec une vérité absolue, si
l'on veut distinguer entre la mobilité de
ses passions et la persistance de ses ami-

tiés, qu'on a pu dire de lui que « personne
« n'a peut-être montré plus de suite et de
« fidélité dans ses affections ; qu'il se don-
« nait très sérieusement et pour ainsi dire
« sans retour ; qu'il a montré toujours une
« exquise délicatesse de sentiments, un
« désintéressement à toute épreuve, une
« constance et une rectitude remarquable
« dans le commerce de l'amitié. »

Ce jugement porté par un homme qui l'a bien connu, se trouve justifié pour Madame de Beaumont. Il ne le sera pas moins pour d'autres liaisons qui ont suivi ce premier attachement.

D'ailleurs Chateaubriand avec sa disposition à tout dire de lui, le mal comme le bien, nous a révélé lui-même quel avait été l'état de son âme au milieu des attachements de son orageuse jeunesse. Il raconte dans ses Mémoires que le 21 janvier 1804, il était allé prier sur le tombeau de Madame de Beaumont, en faisant ses adieux à Rome, et il ajoute : « Mon chagrin ne se
« flattait-il pas en ces jours lointains que

« le lien qui venait de se rompre serait
« mon dernier lien ? Et, pourtant, que j'ai
« vite, non pas oublié, mais remplacé ce
« qui me fut cher ! Ainsi va l'homme de
« défaillance en défaillance. L'indigence
« de notre nature est si profonde, que
« dans nos infirmités volages, pour expri-
« mer nos affections récentes, nous ne
« pouvons employer que des mots déjà
« usés par nous dans nos anciens attache-
« ments. Il est cependant des paroles qui
« ne devraient servir qu'une fois ; on les
« profane en les répétant. »

En effet, Chateaubriand avait déjà remplacé, avant même qu'il eût à la pleurer,
la femme qu'il avait tant aimée et dont la
mémoire devint le culte de toute sa vie.
Avant la mort de Madame de Beaumont
un autre attachement était déjà formé : la
liaison de Chateaubriand avec Madame de
Custine avait commencé.

Un voile mystérieux enveloppe encore

les premiers débuts des relations de Chateaubriand et de Madame de Custine. Quand se sont-ils connus? Comment est né ce long attachement qui a traversé tant de fortunes diverses, et que la mort seule a brisé? Le biographe le plus récent de Madame de Custine[1] pense que Chateaubriand la vit pour la première fois chez Madame de Rosambo, alliée de son frère aîné ; ces deux victimes de la Terreur s'étaient connues à la prison des Carmes. Il est probable cependant que leur première rencontre remonte un peu plus haut, peut-être jusqu'à l'année 1801, et qu'elle a eu lieu dans des circonstances très différentes.

Les *Mémoires d'outre-tombe,* sans en fixer la date précise, semblent nous offrir un indice révélateur.

Rappelons-nous la page charmante où Chateaubriand raconte qu'après l'apparition du *Génie du Christianisme,* au mi-

---

1. M. A. Bardoux.

lieu de l'engouement des salons, il fut enseveli sous un amas de billets parfumés. « Si ces billets, dit-il, n'étaient aujourd'hui « des billets de grand'mères, je serais « embarrassé de raconter avec une mo- « destie convenable comment on se dis- « putait un mot de ma main, comment on « ramassait une enveloppe écrite par moi, « et comment, avec rougeur, on la cachait, « en baissant la tête, sous le voile tom- « bant d'une longue chevelure. » Ce dernier trait s'appliquait évidemment à une seule personne et à un fait particulier; c'est une émotion unique que le poète a ressentie à ce larcin, gage indiscret d'un naissant amour, qui se dérobait « sous le voile *d'une « longue chevelure* ».

N'y a-t-il pas dans ce passage une allusion voilée à Madame de Custine ? Cette longue chevelure, nous la connaissons ; nous la retrouvons bien souvent dans les *Mémoires d'outre-tombe,* mais désormais sans mystère. Chateaubriand semble en avoir fait pour Madame de Custine une sorte d'auréole, un charme distinctif qui n'appartient qu'à elle. « Parmi les abeilles, « nous dit-il, qui composaient leur ruche « (à son retour de l'émigration), était la « Marquise de Custine, héritière des longs « cheveux de Marguerite de Provence, « femme de saint Louis, dont elle avait « du sang. J'assistai à sa prise de pos- « session de Fervaques, et j'eus l'honneur « de coucher dans le lit du Béarnais, de « même que dans le lit de la reine Chris- « tine à Combourg. »

Et plus tard, après de longues années, quand il verra pour la dernière fois « celle qui avait affronté l'échafaud d'un « si grand courage, » quand il la verra « la taille amincie par la mort, » ce qui fera une fois de plus l'objet de son admiration, c'est la beauté de cette tète « ornée de sa seule chevelure de soie ».

N'est-il pas évident que ces divers passages des *Mémoires d'outre-tombe* s'appliquent à la même personne ? Et si cette conjecture est fondée, n'en doit-on pas conclure qu'il y avait eu au moins une entrevue avant celle dont les salons de Madame de Rosambo furent témoins, et que sans doute aussi quelque billet parfumé avait été écrit pour l'obtenir ?

Dans tous les cas, la première correspondance connue de Chateaubriand avec Madame de Custine ne remonte qu'au commencement de l'année 1803, à l'époque où, nommé secrétaire d'ambassade auprès du cardinal Fesch, il se prépare à partir pour Rome. Elle se compose de dix lettres ou plutôt de dix billets adressés à Madame de Custine, s'échelonnant à quelques jours d'intervalle les uns des autres, et qui sont tous compris entre la date de la nomination au poste de secrétaire d'ambassade et le départ pour Rome.

Cette correspondance, nous n'avons pas à la reproduire : elle a été publiée[1], il faut la lire dans le texte original qui en a été

---

1. *Madame de Custine*, d'après des documents inédits, par M. A. Bardoux.

donné. Mais comme elle est en quelque sorte le prologue et le point de départ de la longue intimité dont nous allons voir se développer toutes les phases, il est nécessaire d'en présenter au moins une courte analyse.

En voici les traits saillants.

Chateaubriand très assidu, très pressant même auprès de Madame de Custine, est repoussé d'abord, mais ses avances sont accueillies bientôt avec moins de rigueur. Il vient d'obtenir, dit-il, un sursis à son départ pour Rome; il supplie Madame de Custine de ne pas partir pour son château de Fervaques, comme elle en a l'intention : « L'idée de vous quitter me tue, « dit-il, au nom du ciel ne partez pas! » En effet, Madame de Custine ne partit pas : elle alla le trouver dans sa chambre, à l'hôtel d'Étampes, rue Saint-Honoré, à deux pas de la demeure de Madame de Beaumont, rue Neuve-du-Luxembourg. Cette démarche, un peu légère, le rendit encore plus pressant, comme Madame de

Custine devait s'y attendre, comme elle l'espérait peut-être. La passion redouble en effet dans les billets qui suivent : « Promettez-moi le château d'Henri IV ! » ce château où le Béarnais avait couché, où il avait aimé la dame de Fervaques. « Promettez-moi de venir à Rome ! » Plus loin il répète encore : « Songez, je vous « prie, au château d'Henri IV ; cela peut « me consoler. » Dans sa passion il va jusqu'à qualifier la visite de Madame de Custine dans sa chambre d'hôtel, de *sainte apparition*. Ce sont déjà les lettres d'un amant heureux, ou bien près de l'être.

Chateaubriand, après quelques délais, dut enfin partir pour Rome où il arriva le 25 juin 1803. Le séjour qu'il y fit et qui dura moins d'une année, du mois de juin au mois de février suivant, fut marqué par le douloureux événement de la mort de Madame de Beaumont, par de nombreuses difficultés politiques et de grands embarras d'argent. Nous aurons à revenir sur ce sujet dans le cours de notre récit.

Madame de Beaumont s'éteignit sans avoir soupçonné que René lui fût infidèle; les plaintes que lui arrachaient ses douleurs et les regrets de la vie n'ont pas été mêlés du moins à l'amertume d'un amour trahi. Et remarquons ici l'attitude de Chateaubriand; elle est caractéristique : entre l'amie malade, la femme mourante qui n'attend plus rien de ce monde, et sa nouvelle passion pour la reine des roses, comme disait Boufflers, toute brillante de jeunesse et de beauté, quel est son choix ? Où porte-t-il son dévouement ? C'est à Madame de Beaumont que sa tendresse reste fidèle; il lui sacrifie tout et rend, à force de soins, la paix à ses derniers moments.

Il ne faut donc pas trop légèrement ériger en *victimes de son égoïsme* les femmes qui l'ont aimé; laquelle a-t-il délaissée ? Assurément, ce n'est pas Madame de Beaumont, nous l'avons vu, ni Madame de Custine, nous le verrons plus tard, et la correspondance le démontrera.

Nous ne voulons pas dire que l'infidélité, ce qu'il appelait lui-même ses défaillances, ne succédât assez vite à chaque nouvel amour, mais ce qui ne s'éteignait jamais en lui, quand une fois il s'était donné, c'était une suprême tendresse de cœur, un inaltérable sentiment d'affection pure, pleine de délicatesse et de douceur.

Pendant l'année du séjour en Italie, la correspondance avec Madame de Custine continua sans interruption. Mais aucune des lettres ne nous en a été conservée; nous découvrirons peut-être par quel motif, par quel dépit elles ont toutes été supprimées.

A son retour de Rome, au mois de février 1804, Chateaubriand descendit rue de Beaune, à l'Hôtel de France. Sa femme, *sa jeune veuve,* comme il l'appelait, qu'il nous décrit, dans ses mémoires, si charmante à l'époque de leur union,

« lorsqu'il la reconnaissait de loin sur le
« *sillon* (à Saint-Malo), à sa pelisse rose,
« sa robe blanche et sa chevelure enflée
« du vent, » vint l'y rejoindre, où même
elle l'y avait précédé.

Cette installation de la rue de Beaune
n'était que provisoire. Nommé ministre
de France dans le Valais, Chateaubriand
devait prochainement se rendre à son
poste. La mort tragique du duc d'Enghien
(20 mars 1804) vint tout changer. Chateaubriand envoya sa démission à Talleyrand,
ministre des affaires extérieures, par une
lettre qu'il avait soumise d'abord à
Madame de Custine, et dont le texte,
avec la réponse du ministre, nous a été
conservé[1].

Il ne fut plus question, dès lors, de
quitter Paris, mais tout au contraire d'y
former un établissement définitif. Il fallut
donc chercher une installation ; on la
trouva dès le mois d'avril, rue de Miro-

---

1. V. *Madame de Custine*, par M. A. Bardoux.

mesnil, n° 1119, au coin de la rue Verte, aujourd'hui rue de la Pépinière. On numérotait alors les maisons par quartier et non par rue.

Dans le vieux Paris, tel qu'il était au commencement de ce siècle, le petit hôtel que Chateaubriand allait habiter, à deux pas du faubourg Saint-Honoré, était presque la campagne. Voici la description qu'il nous en donne :

« Le petit hôtel que je louai fut occupé
« depuis par M. de Lally-Tollendal et Ma-
« dame Denain, *la mieux aimée*, comme on
« disait du temps de Diane de Poitiers.
« Mon jardinet aboutissait à un chantier, et
« j'avais auprès de ma fenêtre un grand
« peuplier, que M. de Lally-Tollendal,
« afin de respirer un air moins humide,
« abattit lui-même de sa grosse main. Le
« pavé de la rue se terminait alors devant
« ma porte; plus haut, la rue où le
« chemin montait à travers un terrain
« vague que l'on appelait la *Butte aux*
« *lapins*. La butte aux lapins, semée de

« quelques maisons isolées, joignait à
« droite le jardin de Tivoli, à gauche le
« parc de Monceaux. Je me promenais
« assez souvent dans ce parc aban-
« donné... »

M. et Madame de Chateaubriand s'installèrent dans ce petit hôtel de la rue Miromesnil avec un certain luxe. Joubert, dans une lettre du 10 mai 1804, donne à Chênedollé quelques détails intéressants.

« Madame de Chateaubriand, lui Cha-
» teaubriand, les bons Saint-Germain que
« vous connaissez[1], un portier, une por-
« tière et je ne sais combien de petits
« portiers, logent ensemble rue de Miro-
« mesnil dans une jolie petite maison.
« Enfin, notre ami est le chef d'une tribu
« qui me paraît assez heureuse. Son bon
« génie et le ciel sont chargés du reste ».

Immédiatement après son retour à Paris, Chateaubriand avait repris ses rela-

---

[1]. Ce sont les gens de Madame de Beaumont, que Chateaubriand avait pris à son service.

tions avec Madame de Custine, et quoiqu'il y eût dans l'esprit de chacun d'eux le souvenir d'un froissement et de très vives contrariétés, une parfaite harmonie se rétablit entre eux. Pour Madame de Custine, la rivalité de Madame de Beaumont n'existait plus ; la présence de Madame de Chateaubriand, il est vrai, pouvait lui porter ombrage, mais il semble qu'elle en prit assez facilement son parti. Les relations devinrent plus intimes que jamais ; celles de 1803 n'en avaient été que le prélude.

C'est de ce petit hôtel de la rue de Miromesnil que partit la première lettre de la longue correspondance que Chateaubriand entretint avec son amie, et dont jusqu'ici le public n'a connu que quelques rares fragments.

Nous publions quarante lettres inédites de cette correspondance, qui, si nous ne nous trompons, jettent sur l'homme de génie qui les a écrites, et sur la femme aimable à qui elles étaient adressées, une très vive lumière. Toutes ces lettres sont de la main même de Chateaubriand, de cette grande écriture dont on ne peut plus oublier les traits quand on les a vus une fois. Les dix-neuf premières portent en tête, de la main de Madame de Custine, un numéro d'ordre. Dans cette série, du n° 1er au n° 19, il nous en manque trois qui ont porté les n°s 7, 12 et 14. Le n° 7 a été publié par M. A. Bardoux dans son livre sur Madame de Custine; les deux autres probablement n'existent plus. A partir de la dix-neuvième les lettres n'ont plus de numéro d'ordre, et comme, en général, elles ne sont pas datées, le classement en est quelquefois difficile.

Elles sont pour la plupart timbrées de la poste.

Cette correspondance, qui n'a pas sa contre-partie, parce que Chateaubriand ne conservait aucune lettre, a passé des mains de Madame de Custine entre celles de son fils Astolphe, puis en septembre 1857, date de la mort de celui-ci, entre les

mains de ses héritiers. Dix ou onze ans
plus tard, le libraire de qui nous les
tenons en devenait acquéreur.

Voici la première de ces lettres inédites :

Paris, mercredi 30 mai 1804.

J'étais à la campagne quand votre billet de
Fervaques m'est arrivé ; on avait négligé de
m'envoyer à la campagne. Ne soyez pas trop
fâchée de mon silence. Vous savez que j'*écris*
malgré mes dégoûts pour le *genre épistolaire,*
et vous avez fait le miracle. Je m'ennuie fort
à Paris et j'aspire au moment où je pourrai
jouir encore de *quelques heures* de liberté,
puisqu'il faut renoncer au fond de la chose.
Bon Dieu ! Comme j'étais peu fait pour cela !
Quel pauvre oiseau prisonnier je suis ! Mais
enfin le mois de juillet viendra, je ferai un
effort pour courir un peu tout autour de
Paris, et puis j'irai un peu plus loin. Ce sera
comme dans un conte de fée : Il voyagea bien
loin, bien loin (et les enfants aiment qu'on
appuie sur le mot loin), et il arriva à Fer-

vaques. Là logeait une fée qui n'avait pas le sens commun. On la nommait la princesse Sans-Espoir, parce qu'elle croyait toujours, après deux jours de silence, que ses amis étaient morts ou partis pour la Chine et qu'elle ne les reverrait jamais. J'achèverai l'histoire dans le département du Calvados.

Mille joies, mille souvenirs, mille espérances. Je vous verrai bientôt. Ecrivez-moi. Embrassez nos amis: Ecrivez à Fouché.

A Madame de Custine, née Sabran, au château de Fervaques, par Lisieux, Calvados.

Remarquons ce passage : « J'aspire au « moment où je pourrai jouir de quelques « heures de liberté, puisqu'il faut renoncer « au fond de la chose. Bon Dieu ! comme « j'étais peu fait pour cela ! Quel pauvre « oiseau prisonnier je suis ! » Chateaubriand fait évidemment allusion à son mariage, à sa réunion encore toute récente avec Madame de Chateaubriand et à la répugnance que « la vie de ménage » lui inspirait. Il a même dit quelque part, que c'est pour échapper à ce sort et rester indépendant qu'il avait accepté un poste diplomatique et qu'il était parti pour Rome. Retombé sous le joug, un peu malgré lui, quels regrets de la liberté perdue, le pauvre oiseau prisonnier n'exhale-t-il pas !

Plus tard, quand René aura dépassé la saison des orages et que les années auront apporté le calme à cette âme troublée, il tiendra un tout autre langage, et rendant à Madame de Chateaubriand un solennel hommage, il inscrira dans les *Mémoires d'outre-tombe* ces graves paroles :

« Retenu par un lien indissoluble, j'ai
« acheté d'abord au prix d'un peu d'amer-
« tume les douceurs que je goûte aujour-
« d'hui. Je n'ai conservé des maux de
« mon existence que la partie inguéris-
« sable. Je dois donc une tendre et
« éternelle reconnaissance à ma femme,
« dont l'attachement a été aussi touchant
« que sincère. Elle a rendu ma vie plus

« grave, plus noble, plus honorable, en
« m'inspirant toujours le respect, sinon
« toujours la force de mes devoirs. »

Chateaubriand termine sa lettre, ainsi que plusieurs autres de celles qui vont suivre, en demandant à son amie d'écrire à Fouché, alors ministre de la police. C'est en faveur de M. Bertin l'aîné, et non de Chênedollé, comme on l'a cru, qu'il réclamait cette intervention.

Sur ce point quelques mots d'explication sont nécessaires. M. Bertin fut persécuté comme royaliste pendant la Révolution. En 1800, sous prétexte de quelque complot, il fut arrêté par mesure administrative et enfermé dans la prison du Temple. Mais il ne subit aucun jugement, aucune condamnation. Il quitta le Temple pour être relégué à l'île d'Elbe. Le républicain Briot, qui remplissait dans cette île des fonctions administratives, lui accorda, ou plutôt lui fit accorder la permission d'achever son ban en Italie, où la résidence de Florence, puis celle de Rome lui fut assignée.

C'est à Rome que M. Bertin se lia d'une étroite amitié avec Chateaubriand. C'est lui qui, sur la demande de son ami, alla, comme nous l'avons dit, jusqu'à Milan au devant de Madame de Beaumont, et qui la conduisit à Florence où Chateaubriand l'attendait.

Il assista à la mort de cette noble et malheureuse femme, épisode que les *Mémoires d'outre-tombe,* ont retracé dans des pages si sublimes, les plus éloquentes que Chateaubriand ait écrites et qui assurent au souvenir de son amie la pitié et le respect de la postérité.

Enfin, c'est M. Bertin qui a donné l'idée du bas-relief que Chateaubriand fit élever à Rome sur la tombe de Madame de Beaumont.

Chateaubriand se plaisait à rappeler les débuts de sa liaison avec Bertin l'aîné : « C'est avec lui, disait-il, que je visitai les « ruines de Rome, et que je vis mourir

« Madame de Beaumont, deux choses qui
« ont lié sa vie à la mienne¹. »

Las de l'exil et de ses sollicitations sans résultat pour obtenir son rappel, Bertin prit le parti assez aventureux de rentrer en France, sans autorisation, mais avec un passeport que Chateaubriand lui avait délivré complaisamment à Rome.

Cela se passait au commencement de 1804, au moment même où Chateaubriand, de son côté, quittait Rome et rentrait à Paris.

Bertin, qui, malgré son passeport, n'était pas en règle, fut obligé de se tenir caché, après son retour, tantôt dans sa maison de la vallée de Bièvre, tantôt à Paris.

C'est pour ce proscrit, pour « son ami « malheureux, injustement persécuté » que Chateaubriand demande avec instance à Madame de Custine d'intercéder auprès de « son grand ami » Fouché.

---

1. Comte de Marcellus. *Chateaubriand et son temps.*

On a pensé que ces sollicitations étaient réclamées en faveur de Chênedollé ; mais elles ne pouvaient s'appliquer à lui qui n'était alors ni persécuté, ni malheureux, qui n'avait rien à démêler avec la police et pour qui Fouché ne pouvait rien à aucun titre ; de plus, à cette époque Chênedollé n'était pas encore connu de Madame de Custine, à qui il ne fut présenté que le 15 août suivant par Chateaubriand.

Quoique M. Bertin ne soit nommé dans aucune des lettres, c'est bien de lui et non de Chênedollé qu'il s'agit ; la suite de la correspondance ne permet aucun doute à cet égard.

On se demande quelles relations pouvaient exister entre Madame de Custine, la patricienne, victime de la Terreur, et Fouché, le jacobin terroriste, car c'est bien de Fouché, l'ancien oratorien, du proconsul de la Convention nationale qu'il s'agit ici, du Fouché *après les crimes,* comme dit Sainte-Beuve.

Madame de Custine avait miraculeusement échappé à l'échafaud, mais tous ses biens et ceux de sa famille avaient été confisqués. Elle avait été détenue dans la prison des Carmes, où elle s'était liée d'amitié avec Joséphine de Beauharnais. Joséphine devenue la femme du général Bonaparte recommanda son amie à Fouché, ministre de la police à l'époque du dix-huit Brumaire.

L'ancien collègue de Collot d'Herbois, Fouché, s'efforçait alors, sinon d'oublier son passé, du moins de le faire oublier aux autres, en affectant une modération relative : « Aucune des mesures exigées « par la sûreté publique, disait-il, ne « commande aujourd'hui l'inhumanité, » comme si l'inhumanité et l'atrocité des meurtres pouvaient jamais être commandées par la sûreté publique.

Il avait rendu, paraît-il, de grands services à Madame de Custine et lui avait fait restituer la partie de ses biens que l'État n'avait pas vendue. En 1804, Fouché, devenu ministre de la police, était resté son ami. Nous n'avons rien de leur correspondance avant 1814, mais les lettres qu'il lui adressa à cette date ont été publiées [1] ; elles contiennent des formules d'une familiarité qu'on regrette d'y rencontrer.

Quoi qu'il en soit, Madame de Custine écrivit à Fouché, suivant la demande qui lui en était faite. Chateaubriand l'en remercie quelques jours après par la lettre suivante :

Mille remercîments de votre lettre à F... (Fouché). Mille remercîmens de vos souvenirs. J'irai certainement à Fervaques. Vos bonnes gens pourtant me touchent peu, et la race humaine est si méchante que je commence à ne plus m'en soucier du tout. Vous vivez en paix ! et nous, nous sommes très malheureux ici. Je n'ai, je vous assure, pas le courage de vous parler de moi, de nos projets. J'ai l'esprit trop préoccupé. Ma vie est fort triste ici. Je vais errer dans le champ de

---

1. *Madame de Custine*, par M. A. Bardoux.

blé qui est à *nôtre* porte, et quand j'ai entendu chanter l'alouette, je rentre pour voir un nid de merles, qui est dans mon jardin et dont les petits viennent de s'envoler. Ils sont bien heureux. Vous voyez que nous sommes tous deux occupés d'oiseaux.

Tresnes a fait une très vilaine action, je me réserve de lui en parler à la campagne.

Je pars à l'instant pour Champlatreux et je vais passer deux jours chez Mathieu[1]. Je n'y porte pas des dispositions fort gaies, et je ne sais si je pourrai y rester même ces deux jours, tant il y a d'incertitude dans mes idées et de tristesse dans le fond de mon âme.

J'attends des lettres de vous ; elles me consolent et me font franchir avec moins d'ennuis les moments que je dois encore passer loin de vous.

Mille choses aux amis.

Jeudi, 18 Prairial (7 juin 1804).
A Madame de Custine, au château de Fervaques, par Lisieux, Calvados.

---

[1]. Louis Mathieu, comte Molé, Pair de France, qui a joué un rôle considérable sous la Monarchie de Juillet.

Madame de Custine avait quitté la rue Martel, où elle demeurait en 1803, pour la rue Verte, au coin de la rue de Miromesnil, en face du petit hôtel qu'habitait Chateaubriand. Le champ de blé « qui est « à *notre* porte » fait allusion à la proximité de leurs demeures. Aussi Chateaubriand a-t-il soin de souligner le mot.

Il s'agit dans cette lettre du Marquis de Tresne, traducteur de Virgile et de Klopstock, le même qui, en 1795, à Hambourg, pendant l'émigration, présenta son ami Chênedollé à Rivarol. La liaison qui en résulta fait l'objet d'un récit très intéressant de Chênedollé, que Sainte-Beuve a reproduit dans le second volume de *Chateaubriand et son groupe littéraire*. Nous ignorons quelle est la très vilaine action du Marquis de la Tresne à laquelle Chateaubriand fait allusion.

Les lettres de Chateaubriand se succèdent rapidement. En voici une pleine d'enjouement et de charmants détails qui a sa place marquée dans sa vie littéraire, parce qu'elle précise la date, presque le jour, du 7 au 18 juin 1804, où vint éclore dans son génie la première pensée du poème des *Martyrs*. C'est dans ce petit hôtel de la rue de Miromesnil qu'il en écrivit les premières lignes ; c'est sous les ombrages des jardins de Monceaux qu'Eudore, Valléda, Cymodocée lui apparurent pour la première fois.

Il fait sur le ton du badinage l'analyse de la première ébauche encore informe qui bientôt se dessinera, prendra corps, et d'où, malgré les défauts évidents du livre, jailliront des flots de poésie, d'éloquence et de passion dans le plus beau langage qu'on ait parlé depuis le xvII° siècle.

C'est aussi sur le ton du badinage qu'il répond au récit que Madame de Custine lui a fait de la première communion de son fils Astolphe, à Fervaques. Une idée sérieuse cependant, un sentiment élevé et sincère, dont il faudra toujours tenir compte quand on jugera Chateaubriand, se dégage de ses paroles légères et termine la lettre par une note grave.

Paris, 29 Prairial (18 juin),

Eh! bien, vous voilà donc bien triste! Et pourquoi? Parce que vos oiseaux sont morts! Eh! qui est-ce qui ne meurt pas? Parce que mes merles se sont envolés? Vous savez que tout s'envole à commencer par nos jours. Ceci ressemble à de la poésie, et l'on voit bien que je griffonne quelque chose. Je vous porterai les deux premiers livres de certains martyrs de Dioclétien dont vous n'avez aucune idée. C'est une jeune personne infidèle comme il y en a tant (mais ici *fidèle* signifie chrétienne, et *infidèle* le contraire). C'est un jeune homme très chrétien, autrefois très perverti, qui convertit la jeune personne; le diable s'en mêle, et tout le monde finit par être rôti par les bons philosophes du siècle de Dioclétien, toujours pleins d'humanité.

Tout cela fait que je ne dors point, que je ne mange point, que je suis malade, car toutes les fois qu'il m'arrive de me livrer à la muse, je suis un homme perdu; heureusement l'inspiration vient rarement. Voilà qu'au lieu d'aller courir tout autour de Paris, comme je voulais, je reste rue de Miromesnil, sans songer à rien, croyant que mon ménage, qui me coûte douze mille francs par an, ira toujours, quoique je n'aie pas un sou.

Oh l'heureuse vie que celle des habitants de ce monde! Pour moi, je ne voudrais pas le réformer, il va si bien! Savez-vous que je ne me soucie guère de votre communion? Je trouve que vous l'avez fait faire trop précipitamment à votre fils. Je parierais qu'il ne sait pas un mot des principes de la religion. Les petites filles en blanc étaient crasseuses, le curé est une bête, tout cela est clair. Tout cela n'est bon que lorsque les enfants ont été longuement et sagement instruits, que quand on leur fait faire leur première communion non par devoir d'usage, mais par religion. Vous faites communier votre fils qui n'observe pas seulement la simple loi du vendredi et qui ne va peut-être pas à la messe le dimanche.

Voilà ce que vous avez gagné à raconter cela à un père de l'église, très indigne sans doute, mais toujours de bonne foi, faisant d'énormes fautes, mais sachant qu'il fait mal et se repentant éternellement.

Adieu, chère, humiliez-vous devant cette folle lettre. Attendez-moi à Fervaques vers la fin de juillet ; écrivez-moi et écrivez à Fouché.

Mille choses aux amis.

A Madame de Custine, au château de Fervaques, par Lisieux, Calvados.

Il faut avouer que, malgré cette dernière phrase, Chateaubriand, pour un père de l'Eglise, manque un peu trop de sérieux. Madame de Custine lui avait fait, sans doute, de la première communion de son fils un tableau médiocrement édifiant : Chateaubriand accepte son récit (et en cela il a tort) ; puis s'élevant à des considérations plus hautes, il lui reproche de n'avoir pas suffisamment préparé son fils à ce grand acte de la vie religieuse (et en cela il a raison).

Probablement il ne connaissait pas et n'avait jamais vu le prêtre que, sur le rapport de Madame de Custine, il traite si dédaigneusement, c'était l'abbé François Millet, qui, chapelain à l'époque de la Révolution, avait refusé de prêter serment à la constitution civile du clergé. Il émigra en Angleterre et subit les dures années de l'exil, comme Chateaubriand lui-même, qui a pu le rencontrer sans le connaître dans les rues de Londres. Rentré en France le 13 Messidor an V (1ᵉʳ juillet 1797) après la Terreur, il fut installé curé de Fervaques le 22 Ventose an XI (13 mars 1803), et mourut le 23 juin 1807.

Rien ne prouve que cet ecclésiastique, qui a souffert pour la foi, soit responsable et du costume un peu rustique des petites filles en blanc, et de la mauvaise préparation du jeune marquis. Si cet enfant a fait sa première communion plutôt par devoir d'usage, que par religion, à qui la faute ?

Madame de Custine ne montra pas, à ce qu'il paraît, un goût très prononcé pour le plan des Martyrs. Chateaubriand va lui répondre à ce sujet. Il n'en continuait pas moins son travail avec activité, puisque dès le 20 juin, il en lisait le premier livre à Champlatreux. Voici en effet ce que, à cette date, M. Molé écrivait à Joubert :

Chateaubriand est ici avec sa femme. Ils y sont fort aimables et d'une manière simple. Vous connaissez sans doute le premier livre des *Martyrs de Dioclétien*. Je l'ai entendu aujourd'hui avec grand plaisir.

Nous verrons par la lettre qui suit que Madame de Custine avait écrit à Fouché en faveur de Bertin, et que cette démarche produisit quelques promesses, qui restèrent sans résultat.

Chateaubriand annonce sa visite à Fervaques pour la fin du mois de juillet.

Vous avez bien tort de me prêcher sur mon goût pour mon nouvel ouvrage. Cela ne me dure guères, et j'ai déjà tout laissé là depuis une quinzaine de jours. Pour travailler avec suite et goût, il faut être dans une position sinon très brillante, du moins tranquille ; et ce n'est pas quand on est sans avenir, qu'on travaille pour un avenir qui ne viendra pas. D'ailleurs il faudrait beaucoup de livres, beaucoup d'études, beaucoup de chimères pour me faire oublier les personnes que j'aime.

Je ne sais encore si on a fait quelque chose pour mon ami [1], comme on nous l'a promis. Il est à la campagne, et il ne me paraît pas que sa position soit changée.

Je vous ai donné ma parole d'aller vous voir, et certainement je ferai le voyage, selon toutes les apparences vers la fin du mois de juillet où nous entrons demain. Vous savez que je ne suis pas libre, et il peut arriver tel accident de route ou d'affaires qui me retarde

1. M. Bertin.

de huit ou dix jours. Il suffit que je sois sûr de vous voir pour que vous ne m'accusiez pas de mensonge.

Vous voyez par le ton de ce billet que je suis très sérieux et fort triste. Outre les sujets de peine que vous pouvez deviner, j'ai la fièvre depuis deux jours ; cela durera peu ; quelques doses de quinine me remettront sur pied.

Bonjour, chère. Je suis charmé que vous soyez heureuse dans votre bon château, et j'ai grande envie de vous y voir.

Mille choses à nos amis.

Vendredi, 29 juin.
Madame de Custine, au château de Fervaques, par Lisieux, Calvados.

CHAPITRE III.

Rupture avec Madame de Custine. — Réconciliation. — Voyage de Fervacques. Chênedollé. — Départ pour la Bourgogne. Joubert. — Nouveau voyage à Fervacques. — Jalousies de Madame de Custine.

Jusqu'ici la correspondance de Chateaubriand et de Madame de Custine, s'est déroulée avec calme, dans les termes d'une intimité pleine de confiance et d'abandon, sans exprimer, peut-être, une passion aussi exaltée que celle des billets qui ont précédé le voyage de Rome. On voit clairement que les situations sont changées : Chateaubriand sollicitait alors ; maintenant tous les droits lui sont acquis. Mais au milieu de cet amour passé à l'état chronique, aucun nuage ne s'est encore annoncé à l'horizon.

Tout à coup la scène change ; la tempête éclate ; un incident nouveau s'est produit qui rouvre une ancienne et profonde blessure. Chateaubriand, atteint jusqu'au fond du cœur, écrit avec amertume ce qu'on va lire.

Lundi, 16 juillet.

Je ne sais si vous ne finirez point par avoir raison, si tous vos noirs pressentiments ne s'accompliront point. Mais je sais que j'ai hésité à vous écrire, n'ayant que des choses fort tristes à vous apprendre. Premièrement, les embarras de ma position augmentent tous les jours et je vois que je serai forcé tôt ou tard à me retirer hors de France ou en province ; je vous épargne les détails. Mais cela ne serait rien si je n'avais à me plaindre de vous. Je ne m'expliquerai point non plus ; mais quoique je ne croie pas tout ce qu'on m'a dit, et surtout la manière dont on me l'a dit, il reste certain toutefois que vous avez parlé d'un service que je vous priais de me rendre lorsque j'étais à Rome, et que vous ne m'avez pas rendu. Ces choses-là tiennent à l'honneur, et je vous avoue qu'ayant déjà le tort du refus, je n'aurais jamais voulu penser que vous eussiez voulu prendre encore sur vous le plus grand tort de la *révélation*. Que voulez-vous? On est indiscret sans le vouloir, et souvent on fait un mal irréparable aux gens qu'on aime le mieux.

Quant à moi, madame, je ne vous en demeure pas moins attaché. Vous m'avez comblé d'amitiés et de marques d'intérêt et d'estime ; je parlerai éternellement de vous avec les sentimens, le respect, le dévouement que je professe pour vous. Vous avez voulu rendre service à mon ami[1], et vous le pouvez plus que moi puisque Fouché est ministre. Je connais votre générosité, et l'éloignement que vous pouvez ressentir pour moi ne retombera pas sur un malheureux injustement persécuté. Ainsi, madame, le ciel se joue de nos projets et de nos espérances. Bien fou

1. M. Bertin.

qui croit aux sentimens qui paraissent les plus fermes et les plus durables. J'ai été tellement le jouet des hommes et des prétendus amis, que j'y renonce ; je ne me croirai pas, comme Rousseau, haï du genre humain, mais je ne me fierai plus à ce genre humain. J'ai trop de simplicité et d'ouverture de cœur pour n'être pas la dupe de quiconque voudra me tromper.

Cette lettre très inattendue vous fera sans doute de la peine. En voilà une autre sur ma table que je ne vous envoie pas et que je vous avais écrite il y a sept ou huit heures. J'ignorais alors ce que je viens d'apprendre, et le ton de cette lettre était bien différent du ton de celle-ci. Je vous répète que je ne crois pas un mot des détails honteux qu'on m'a communiqués, mais il reste un fait : on sait le service que je vous ai demandé, et comment peut-on savoir ce qui était sous le sceau du secret dans une de mes lettres, si vous ne l'aviez pas dit vous-même ?

Adieu.

Cette lettre, écrite sur les quatre côtés d'une feuille de papier in-quarto, avait pour enveloppe une autre demi-feuille du même papier portant pour adresse « Au Château de Fervaques », comme la lettre qui précède et celle qui la suit.

Il serait intéressant de connaître la réponse que fit Madame de Custine aux reproches portés contre elle avec une argumentation si serrée. Mais Chateaubriand ne conservait pas les lettres que lui adressaient ses belles amies ; plus discret qu'elles, il ne laissait derrière lui rien qui pût les compromettre ; elles n'avaient pas toujours pour elles-mêmes autant de prudence.

Il faut donc essayer de deviner par la la lettre suivante ce que cette réponse de Madame de Custine peut avoir été. Il semble qu'au lieu de se disculper directement, elle aurait opposé à l'attaque une contre-attaque, et que, opérant une diversion habile, elle aurait rejeté les torts sur une personne qu'elle se plaignait de se voir préférer et dont la perfidie aurait machiné cette dénonciation.

Chateaubriand ne fut pas convaincu par cette défense, mais sa colère était déjà tombée; il répondit amèrement encore, mais en laissant, comme on va le voir, une porte ouverte à la réconciliation.

Il ne s'agit pas de comparaison, car je ne vous compare à personne, et je ne vous préfère personne. Mais vous vous trompez si vous croyez que je tiens ce que je vous ai dit de *celle* que vous soupçonnez ; et c'est là le grand mal. Si je le tenais d'elle, je pourrais croire que la chose n'est pas encore publique; or ce sont des gens qui vous sont étrangers qui m'ont averti des bruits qui couraient. Il me serait encore fort égal, et je ne m'en cacherais pas, qu'on dît que je vous ai demandé un service. Mais ce sont les circonstances qu'on ajoute à cela qui sont si odieuses que je ne voudrais pas même les écrire et que mon cœur se soulève en y pensant. Vous vous êtes très fort trompée si vous avez cru que

Madame... m'ait jamais rendu des services du genre de ceux dont il s'agit[1] ; c'est moi, au contraire, qui ai eu le bonheur de lui en rendre. J'ai toujours cru, au reste, que vous avez eu *tort* de me refuser. Dans votre position, rien n'était plus aisé que de vous procurer le peu de chose que je vous demandais ; j'ai vingt amis pauvres qui m'eussent obligé poste pour poste, si je ne vous avais donné la préférence. Si jamais vous avez besoin de mes faibles ressources, adressez-vous à moi, et vous verrez si mon indigence me servira d'excuse.

Mais laissons tout cela. Vous savez si jusqu'à présent j'avais gardé le silence, et si, bien que blessé au fond du cœur, je vous en avais laissé apercevoir la moindre chose, tant était loin de ma pensée tout ce qui aurait pu vous causer un moment de peine ou d'embarras. C'est la première et la dernière fois que je vous parlerai de ces choses-là. Je n'en

---

1. Est-ce à Madame de Beaumont qu'il fait allusion ? Ces suppositions de Madame de Custine auraient été bien blessantes pour Chateaubriand.

dirai pas un mot à la *personne*, soit que cela vienne d'elle ou non. Le moyen de faire vivre une pareille affaire est d'y attacher de l'importance et de faire du bruit ; cela mourra de soi-même comme tout meurt dans ce monde. Les calomnies sont devenues pour moi des choses toutes simples ; on m'y a si fort accoutumé que je trouverais presque étrange qu'il n'y en eût pas toujours quelques-unes de répandues sur mon compte.

C'est à vous maintenant à juger si cela doit nous éloigner l'un de l'autre. Pour blessé, je l'ai été profondément ; mais mon attachement pour vous est à toute épreuve ; il survivra même à l'absence, si nous ne devons plus nous revoir.

Je vous recommande mon ami[1].

Paris, 4 Thermidor (23 juillet).

Madame de Custine, dans sa réponse, chercha, paraît-il, à expliquer le refus du service que Chateaubriand lui avait de-

1. M. Bertin.

mandé pendant son séjour à Rome, par les motifs qui l'avaient déterminée. Ces motifs, c'était probablement la destination supposée de la somme que Chateaubriand lui demandait ; il s'agissait d'un prêt de quatre ou cinq mille francs, et sans doute elle s'était sentie froissée à l'idée de subvenir aux dépenses nécessitées par la présence à Rome de Madame de Beaumont. Enfin elle expliquait sans doute la révélation qu'elle avait faite du service demandé et refusé, par l'intervention de certaines gens qui lui avaient arraché son secret en usant de perfides manœuvres. Peut-être aussi sa lettre contenait-elle un certain nombre de récriminations plus ou moins fondées, que Chateaubriand n'admettait pas.

Il répondit par une lettre datée du 1er août 1804, lettre très importante qui manque à notre collection, mais qui a été publiée dans le livre très intéressant de M. Bardoux [1], et qui, sur l'original, doit

---

1. *Madame de Custine d'après des documents inédits.*

porter en tête l'annotation habituelle de Madame de Custine, avec le chiffre 7 comme numéro d'ordre.

Voici cette lettre :

Je vois qu'il est impossible que nous nous entendions jamais par lettre. Je ne me rappelais plus pour quel objet je vous avais demandé ce service ; mais, si c'est pour celui que vous faites entendre, jamais, je crois, preuve plus noble de l'idée que j'avais de votre caractère n'a été donnée ; et c'est une grande pitié que vous ayez pu la prendre dans un sens si opposé ; je m'étais trompé.

Au reste, pour finir tout cela, j'irai vous voir ; mais mon voyage se trouve nécessairement retardé. Je ne puis avoir fini mes affaires au plus tôt à Paris que le 12 du mois ; je partirai donc de Paris de lundi prochain en huit, je serai une autre huitaine à errer chez mes parents de Normandie, de sorte que j'arriverai à Fervaques du 20 au 30 août. Vous sentez que je vous donnerai des faits plus certains sur ma marche avant ce temps-là.

Ce que nous avons recueilli de tout ceci, c'est que les langues de certaines gens sont détestables, qu'il ne faut pas s'y fier un moment, et que notre grand tort est d'avoir eu quelque confiance dans leur amitié. De ma vie, du reste, je n'aurais été pris au piège où vous vous êtes laissé prendre ; car de ma vie, je ne confierai à personne l'affaire d'un autre, et surtout quand il sera question de certains services ; mais ensevelissons tout cela dans un profond oubli, dénouons sans bruit avec les gens dont nous avons à nous plaindre, sans leur témoigner ni humeur ni soupçon. Heureusement que leurs mauvais propos sont arrivés dans un temps où l'opinion m'est très favorable, de sorte qu'ils sont morts en naissant. C'est à nous à ne pas les réveiller par nos imprudences. Je n'ai pas dit mot à personne de ce que je vous avais écrit, et j'espère que vous, de votre côté, vous avez gardé le silence.

Adieu ; j'ai encore bien de la peine à vous dire quelques mots aimables, mais ce n'est pas faute d'envie.

Savez-vous que j'ai vu votre frère[1] et votre mère ? Celui-ci a trop d'esprit pour moi.

Le début de cette lettre est dur assurément. Mais on comprend le sentiment qui l'a dicté. Chateaubriand avait épuisé toutes ses ressources auprès de Madame de Beaumont mourante ; il ne pouvait pas et pour rien au monde il n'aurait voulu interrompre les spasmes de son agonie pour lui exposer sa détresse, pour lui demander un crédit et se faire rembourser en quelque sorte des soins qu'il avait prodigués. N'y avait-il pas là une question de délicatesse et d'honneur, et n'est-ce pas « une grande pitié » comme il le dit, que Madame de Custine ne l'ait pas compris ? Elle n'a vu qu'une rivale là où elle ne devait plus voir qu'une femme infortunée et mourante.

Cependant, malgré l'aigreur du début,

---

1. Le Comte Elzéar de Sabran.

Chateaubriand s'adoucit : il ne demande qu'à pardonner, à tout oublier, et la lettre se termine par un mot charmant. Le post-scriptum renouvelle la demande de pressantes démarches auprès de Fouché en faveur de l'ami malheureux et persécuté (M. Bertin).

Cette lettre prise isolément et séparée de celles qui la précèdent et qui l'expliquent, était inintelligible. Aussi est-il naturel qu'elle ait été interprétée à contre-sens : « Le Chateaubriand quinteux, per-« sonnel, méfiant, a-t-on dit, est tout entier « dans cette lettre. » Voilà le sens qu'on y a trouvé ! Aussi que de lamentions en faveur de l'*adorable victime* de cet homme sans cœur ! Et pourtant, dans tout cela, Madame de Custine n'était pas une victime ; le beau rôle n'était même pas de son côté : mue par une mesquine jalousie, elle avait fini, dans de vulgaires commérages, par trahir l'amitié.

Dans cette circonstance, comme dans toutes les autres, dans la vie privée, comme dans la vie politique, l'opinion se montrait facile à tout pardonner à Chateaubriand, ses imprudences, ses erreurs, ses fautes même. D'où lui venait cette persistance des faveurs de l'opinion? C'est que partout dans sa vie, on sentait l'inspiration d'une âme chevaleresque et d'un cœur généreux.

Chateaubriand partit de Paris pour Fervaques, comme il l'avait annoncé, le 13 août. Il en informe le jour même Madame de Custine par le billet suivant:

Je n'ai que le temps de vous dire que je pars à l'instant pour la Normandie, et que je serai chez vous en huit ou dix jours à compter de la date de cette lettre. Je vous écrirai sur les chemins. Mille bonjours. N'oubliez pas F... (Fouché).

Paris, le 13 août 1804.
A Madame de Custine, au château de Fervaques,
par Lisieux, Calvados.

Deux jours après, il écrit de Mantes cet

autre billet, et pour la première fois il introduit Chênedollé auprès de Madame de Custine.

Mantes, 15 août.

Me voilà à Mantes, c'est-à-dire à quinze lieues plus près de vous. Je serai à Fervaques lundi prochain. Trouvez-vous mauvais que j'y aie donné rendez-vous à un de nos voisins, mon ami intime, M. de Chênedollé, avec qui j'ai affaire? C'est un homme d'esprit, poète, etc. Vous voyez que voilà un horrible démenti à vos prophéties. Ah! mon Dieu, quand voudrez-vous me croire et quand aurez-vous le sens commun! J'aime à vous aimer; c'est Madame de Sévigné qui dit cela.

A Madame de Custine, au château de Fervaques,
par Lisieux, Calvados.

Comme on le voit, avant l'arrivée de Chateaubriand à Fervaques, la paix était déjà faite.

Cette lettre démontre péremptoirement qu'avant cette date du 15 août, dans les recommandations à Fouché, il ne s'agissait pas de Chênedollé dont, jusque-là, Madame de Custine ne connaissait pas même le nom.

Le même jour, Chateaubriand écrit à Chênedollé pour lui donner rendez-vous au château de Fervaques[1]:

Mantes

Je m'approche de vous et sors enfin du silence, mon cher Chênedollé : je n'ai osé vous écrire de peur de vous compromettre pendant tout ce qui m'est arrivé (lors de sa démission envoyée le jour même où le duc d'Enghien a été fusillé). Que j'ai de choses à vous dire ! Quel plaisir j'aurai à vous embrasser, si vous voulez ou si vous pouvez faire le petit voyage que je vous propose ! Je vais passer quelques jours chez Madame de

---

1. Lettre publiée par Sainte-Beuve: *Chateaubriand et son groupe littéraire.*

Custine au château de Fervaques, près de
Lisieux, et vous voyez par la date de ma
lettre que je suis déjà en route. J'y serai
d'aujourd'hui en huit, c'est-à-dire le 22 août.
La dame du logis vous recevra avec plaisir,
ou, si vous ne voulez pas aller chez elle,
nous pourrons nous voir à Lisieux.

Ecrivez-moi donc au château de Fervaques,
par Lisieux, département du Calvados. Vous
n'en devez pas être à plus de quinze ou vingt
lieues.

Tâchons de nous voir, pour causer encore,
avant de mourir, de notre amitié et de nos
chagrins. Je vous embrasse les larmes aux
yeux. Joubert a été bien malade et n'a pu
répondre à une lettre que vous lui écriviez.
Tout ce qui reste de la *petite société*[1] s'occupe
sans cesse de vous. Madame de Caux (Lucile
sœur de Chateaubriand) est très mal.

Le séjour de Chateaubriand à Fervaques

1. La société de Madame de Beaumont.

ne fut pas de longue durée ; arrivé le 22 chez Madame de Custine, il en repart le 29, et le même jour il lui adresse de Lisieux ce billet :

Lisieux, huit heures et demie du soir.

Le courrier est passé il y a une heure... La diligence ne part que demain à onze heures. Je m'ennuie déjà si loin de vous, et je pars en poste pour Paris. J'y serai demain à midi. Plus je m'éloigne de vous, plus je me rapproche ; je me dépêche donc d'arriver. Mille bénédictions. Salut à la bonne dame de Cauvigny. J'embrasse Chênedollé. Le chapitre de Lisieux est en grande rumeur pour la calotte du défunt.

A Madame de Custine, au château de Fervaques,
à Fervaques

La date de ce billet est fixée par sa dernière phrase. Ce jour même, 11 Fructidor an XII (29 août 1804), etait mort à Lisieux à 5 heures du matin, à l'âge de 82 ans, l'exchanoine Jacques Monsaint. C'était un vieux prêtre assermenté qui, lors de la constitution civile du clergé, avait livré les archives de l'Evêché au clergé schismatique. Lorsque le 15 août 1802, la cathédrale de Saint-Pierre de Lisieux fut rendue au culte catholique [1], il ne fut pas compris dans son clergé. Le 29 août 1804, il s'agissait sans doute de décider si la sépulture religieuse lui serait accordée. De là grande rumeur du clergé et de la ville, mais non du chapitre, comme le dit Chateaubriand : ce chapitre n'existait plus.

Madame de Custine, de son côté, s'est trompée en attribuant à ce billet un numéro d'ordre qui en fixerait la date au mois d'octobre 1804, à la suite d'un second voyage à Fervaques. Nous le rétablissons à la date qui lui appartient, à la suite du voyage du mois d'août.

---

1. La réouverture de l'église et la restauration du culte catholique fut présidée par l'abbé de Créquy, docteur en théologie, ancien vicaire-général de Monseigneur de la Ferronnaye, évêque de Lisieux.

Après cet incident, Chateaubriand prit la poste et arriva à Paris, d'où, trois jours après, il adressa à Madame de Custine la lettre suivante :

Lundi, 3 septembre.

Je suis arrivé vendredi à six heures du soir. Samedi j'ai été occupé avec des libraires. Dimanche, le juge de paix de M. Pin n'a pas voulu recevoir l'argent ; il a remis la chose à aujourd'hui lundi. Demain donc, je vous enverrai le reçu de 249 francs.

Je regrette Fervaques, les carpes, vous, Chênedollé, et même Madame Auguste. Je voudrais bien retrouver tout cela en octobre ; je le désire vivement. Avez-vous autant envie de me revoir ? Notre ami est-il debout ? Je voudrais bien lui faire passer de mon quinquina. Tâchez donc de faire niveler le billard, d'arracher l'herbe pour qu'on voie les brochets, d'avertir les gardes de sommer le voisin de Vire et la voisine de Caen de se rendre au rendez-vous, d'engraisser les veaux, de faire pondre aux poules des œufs moins gris et plus frais; quand tout cela sera fait et que M. Giblin aura mis à mort le dernier des Guelfes, vous m'avertirez, et je verrai s'il est possible de me rendre à Fervaques pour 15 pièces de 20 francs. A condition toutefois que le professeur allemand[1], tribun de son métier, ait repris la route du tribunat.

Bonjour, grand merci, joie et santé, mille choses à Chênedollé. Est-il encore avec vous? Mille choses à votre bon fils. Je prie Dieu de conserver à Madame de Cauvigny son naturel, sa gaîté, sa propreté, sa rondeur et sa gentillesse. On parle fort de son vol à Paris. Ecrivez-moi.

Tout à vous.

A Madame de Custine, au château de Fervaques, par Lisieux, Calvados.

Cette lettre écrite sur le ton du badinage où Chateaubriand, esprit sérieux, ne réussissait guères, déchira le cœur de Madame

---

[1]. M. Berstœcher, précepteur d'Astolphe de Custine.

de Custine. La réponse attristée et plaintive qu'elle y fit, s'est retrouvée *en copie* dans les papiers de Chênedollé, devenu son ami, et en qui elle avait une entière confiance. Cette réponse a été publiée par Sainte-Beuve.

On avait cru d'abord qu'elle était adressée à Chênedollé ; Sainte-Beuve a soupçonné que le destinataire n'était autre que Chateaubriand ; et il a eu raison. C'est en effet, certainement, la réponse à la lettre assez étrange qui précède. La voici :

J'ai reçu votre lettre : j'ai été pénétrée, je vous laisse à penser de quels sentiments. Elle était digne du public de Fervaques, et cependant je me suis gardée d'en donner lecture. J'ai du être surprise qu'au milieu de votre nombreuse énumération, il n'y ait pas eu le plus petit mot pour la grotte et pour le petit cabinet orné de deux myrtes superbes, Il me semble que cela ne devait pas s'oublier si vite. Je n'ai rien oublié, pas même que vous n'aimez pas les longues lettres.

Votre ami est encore ici, mais il part demain. J'en suis plus triste que je ne puis vous dire : je ne verrai plus rien de ce que vous aurez aimé. Il y a des endroits dans votre lettre qui m'ont fait bien du mal.

Cette lettre, qui n'est ni signée ni datée, doit être du 5 décembre 1804.

Mais comment Chênedollé a-t-il pu en avoir une copie ? Assurément ce n'est pas par Chateaubriand, qui retenu, bien plus que quelques-unes de ses belles amies, par la discrétion, était incapable d'abuser d'une lettre compromettante.

C'est donc par Madame de Custine elle-même que la communication a été faite au confident de tous ses secrets. En fait de confidences, elle n'avait pas une grande réserve, si nous en jugeons par cette conversation que rapporte Sainte-Beuve : — « Voilà, disait-elle, le cabinet où je le re« cevais ! — C'est ici qu'il était à vos ge« noux ? — C'est peut-être moi qui étais « aux siens. »

Dans cette conversation, ne serait-ce pas Chênedollé qu'elle avait pour interlocuteur ? Et n'est-ce pas du même cabinet « aux deux myrtes superbes » qu'elle faisait ainsi les honneurs ?

Il semble que ce séjour à Fervaques, à la fin du mois d'août, n'aurait pas été sans orages ; le plaisir et les larmes s'y seraient succédé, s'il faut placer à cette date l'anecdote racontée par Chênedollé :

« Un jour, dit-il, en revenant d'une
« promenade en calèche où il (Chateau-
« briand) aurait été assez maussade pour
« elle, elle aperçut un fusil avec lequel
« nous avions chassé le matin ; elle fut
« saisie d'un mouvement de joie et de
« fureur, et fut près de s'envoyer la balle
« au travers du cœur. »

Il faudrait sur ces « querelles de mé-
« nage » entendre les deux parties : Madame de Custine accuse, mais nous n'avons

pas la défense de Chateaubriand, qui, il
faut le reconnaître, n'était pas toujours
aimable. C'est même dans ce caractère de
René, si impressionnable et si mobile, où
se heurtent tant de contrastes, un des côtés
qu'il faut connaître. Pour l'étudier, la tâche
est d'autant plus facile qu'il nous a donné
lui-même tous les éléments de son portrait,
et que rien ne manque à la franchise de
ses aveux.

Comme on l'a dit, ou plutôt comme on
l'a répété d'après les Mémoires d'outre-
tombe, Chateaubriand avait eu une enfance
triste et pleine de contrainte. Éperdu-
ment épris des rêves d'une imagination
ardente, il était porté au dédain par la passion de la solitude. Il n'était à peu près
sensible qu'à la tendresse des femmes.
Consolé d'abord, puis adulé par elles, il
prit envers elles l'habitude de la domination, et cette disposition malheureuse qui
le portait à tourmenter celles qui prenaient
à lui un intérêt passionné. Non par calcul,
mais par ennui, par caprice, par impatience

de tout frein, il n'épargnait pas aux plus chères de ses amies les accès de son ennui et de sa mauvaise humeur. « Une fois sur « cette pente, il arrivait à des duretés dé- « solantes envers les personnes dont il « s'était fait aimer, duretés dont il ne se « repentait que quand il n'en était plus « temps [1]. »

Ces duretés, l'anecdote que nous venons de rapporter, indique que Madame de Custine les a subies, et le témoignage plein d'émotion de Chateaubriand lui-même nous montre que d'autres après elle ont eu à en souffrir. « Depuis que j'ai perdu « cette personne (il s'agit cette fois de Ma- « dame de Duras), je n'ai cessé, en la « pleurant, de me reprocher les inégalités « dont j'ai pu affliger quelquefois des cœurs « qui m'étaient dévoués. Veillons bien sur « notre caractère ! Songeons que nous « pouvons, avec un attachement profond,

---

[1] Ch. Lenormant, *Souvenirs d'enfance et de jeunesse de Chateaubriand.*

« n'en pas moins empoisonner des jours
« que nous rachèterions au prix de notre
« sang. Quand nos amis sont descendus
« dans la tombe, quel moyen avons-nous
« de réparer nos torts? Nos inutiles regrets,
« nos vains repentirs sont-ils un remède
« aux peines que nous leur avons faites ?
« Ils auraient mieux aimé de nous un sou-
« rire pendant leur vie, que toutes nos
« larmes après leur mort. »

Quel contraste entre les affections tendres et généreuses qui sont au fond du cœur, et les emportements d'un caractère qui ne sait pas et ne veut pas se contraindre ! Qui osera dire cependant qu'un homme capable de tels aveux et d'une pareille délicatesse de sentiments soit un méchant homme ?

Que répondit Chateaubriand à la lettre de Madame de Custine que nous avons donnée plus haut ? Il semble quelquefois qu'il aurait négligé de lire les lettres auxquelles il répondait. Cette fois, il ne tient nul compte des sentiments douloureux et des plaintes de Madame de Custine ; il lui écrit comme s'il ne s'était rien passé, sans un seul mot de réparation. Il annonce pour le mois d'octobre un nouveau voyage à Fervaques. Il décoche, en passant, une épigramme à Madame de Custine à propos d'un paiement qu'il s'est chargé de faire pour elle : on voit que l'affaire de Rome et sa divulgation lui sont restées sur le cœur. Enfin il annonce le troisième livre *des Martyrs*.

Voici la lettre :

Votre lettre m'a charmé. Vous êtes une très aimable personne. Je médite toujours un second voyage, mais il faut du temps et de la patience ! Je ne puis partir que le 15 de décembre pour la Bourgogne. Je tâcherai d'être chez vous du 20 au 25 d'octobre. Cela vous convient-il ?

Voilà le billet du juge de paix. Dimanche il ne voulait pas de mon argent ; lundi il refusa mes louis, mardi mon billet de banque ; enfin il a pris son parti. C'est une fatalité que l'argent entre nous.

La pauvre Madame Bertin a la fièvre putride. Je ne sais qui présentera votre lettre[1]. Comment nous tirer de là ?

Et le cher malade ? Voilà un beau temps qui doit le guérir. Veut-il de mon quinquina ? Il faudra que Chênedollé vienne cet automne à Fervaques, d'où je le ramènerai à Paris. Le pauvre garçon ! je l'aime bien tendrement. Convenez que je vous ai fait connaître un aimable voisin. Vous avez sans doute perdu vos hôtes ? Madame de Cauvigny court les champs; Chênedollé est retourné chez M. Saint-Martin père. Moi, je suis au diable. Mais votre mère doit être avec vous ; c'est encore une de mes infidélités[2]. Vous savez combien j'aime Mademoiselle de

---

1. Une lettre de Madame de Custine à Fouché, que Madame Bertin devait présenter elle-même. Cela ne démontre-t-il pas péremptoirement que les sollicitations auprès de Fouché réclamées par Chateaubriand dans toutes ses lettres avaient bien pour objet son ami Bertin ?
2. Ce n'est pas, sans doute, celle-là que Madame de Custine lui reprochait. Mais il y en avait d'autres dont elle se plaignait à plus juste titre.

Saint-Léon ; mais j'ai perdu *la Pitié* que j'avais d'elle (*La Pitié* de Delille, 1803).

Je fais un troisième livre. Nous verrons comment il sera à Fervaques. Je mange du melon, j'enrage et je me porte bien. Dieu vous conserve en joie et en *espérance ;* si cela est possible, écrivez-moi.

Samedi, 8 septembre 1804.

Mille joies à tous les amis. — sans excepter Madame Jenny.

A Madame de Custine, au château de Fervaques.
par Lisieux, Calvados.

Le 15 septembre, il part avec Madame de Chateaubriand pour la Bourgogne, c'est-à-dire pour Villeneuve-sur-Yonne, où ils doivent passer quelques mois chez M. et Madame Joubert. Au moment même où il montait en voiture, il écrit à Madame de Custine pour l'en avertir et lui demander de lui faire connaître l'époque la plus tardive qu'elle fixe pour son retour à Paris, « afin qu'il se dirige là-dessus [1] ».

---

1. Cette lettre, qui doit porter le n° 12, a été publiée

Il n'entre pas dans le plan que nous nous sommes tracé de faire connaître les rapports d'intimité, d'une constance inaltérable, qui ont existé entre ces deux familles : M. et Madame de Chateaubriand, M. et Madame Joubert. Il faudrait pour cela faire revivre dans son ensemble cette société peu nombreuse, mais si brillante, dont Joubert, Fontanes, Chênedollé étaient l'âme, intelligences élevées qui ont laissé leur empreinte plus ou moins marquée dans l'histoire littéraire de leur temps, sans parler de Chateaubriand qui les dominait tous par le génie, et dont le puissant rayon nous éclaire encore.

Cette société d'élite offre aux études du moraliste, à peu près dans toute leur variété, les types les plus élevés qui puissent honorer l'humanité.

On y trouverait par excellence l'image

---

par M. Bardoux : *Madame de Custine, d'après des documents inédits.*

gracieuse et pure de Madame de Chateaubriand, de cette femme d'un si grand esprit et de tant de vertu, restée si longtemps obscure et méconnue, mais dont heureusement l'histoire nous a été donnée dans un des livres les plus attrayants qu'on puisse lire. Ses mémoires, car à côté des *Mémoires d'outre-tombe,* qu'elle ne lisait pas, elle avait aussi les siens, auxquels son mari faisait souvent des emprunts, ainsi que de nombreuses correspondances ont été publiés [1]; ces œuvres lui assignent dans le groupe des femmes littéraires un rang auquel, pendant sa vie, toute consacrée à la religion et à la charité, elle n'avait aucune prétention.

Madame de Custine ne faisait pas partie de la société Joubert. Chênedollé, le seul de ce groupe que Chateaubriand lui ait

---

1. Nous sommes redevables de cette belle publication : *Madame de Chateaubriand, d'après ses mémoires et ses correspondances*, à M. G. Pailhès. Bordeaux, 1887. Nous devons personnellement à M. G. Pailhès toute notre reconnaissance.

fait connaître, est entré avec elle dans des relations suivies, et il paraît avoir eu les secrets réciproques d'une liaison dont Chateaubriand évitait, dans son monde à lui, de soulever les voiles.

Voilà donc Chateaubriand installé à Villeneuve chez son ami Joubert. Il y passa un mois en préméditant de faire *incognito* un voyage à Fervaques. Dès le 9 octobre, il écrit à Guéneau de Mussy :
« Je pars pour Paris d'aujourd'hui en huit.
« J'y vais passer quinze jours ; puis je
« reviens à Villeneuve pour le 4 novembre,
« jour fameux dans ma vie et dans celle
« de Joubert (c'était l'anniversaire de la
« mort de Madame de Beaumont). Ma
« femme reste ici à m'attendre. Nous ne
« retournerons à Paris que vers la fin de
« décembre, lorsque toutes les fêtes, qui
« me sont des deuils seront passées. » Il s'agit des fêtes du couronnement qui ont eu lieu en effet, le 2 décembre 1804.

Quelques jours après, il écrit à Madame de Custine :

(Villeneuve-sur-Yonne).

Je pars d'ici le 15 octobre. Je serai le 16 à Paris ; le 21 je me mettrai en route pour Fervaques où je serai le 22. Ne m'écrivez plus ici ; j'ai peur même qu'une lettre n'y arrive lorsque je n'y serai plus.

Je vous écris ces trois lignes *mal à mon aise*, et je me dépêche d'en finir.

Mille bonjours.

Je viens d'écrire à Chênedollé.

[/] A Madame de Custine, au château de Fervaques, par Lizieux. Calvados.

On comprend pourquoi Chateaubriand recommande à Madame de Custine de ne plus lui adresser ses lettres à Villeneuve, où Madame de Chateaubriand était encore.

Il se rendit à Fervaques au jour indiqué, mais Chênedollé ne fut pas exact au rendez-vous : il n'arriva que quelques jours après le départ de son ami.

Chateaubriand quitta Fervaques le 26

ou le 27 et adressa immédiatement à Madame de Custine la lettre suivante :

(Paris), dimanche, 28 octobre.

Je vais me remettre en route à l'instant pour Villeneuve. J'ai quitté votre château dé hiboux avec une peine fort grande. Je serais fâché de le voir trop souvent, car je crois que je m'y attacherais mal à propos. Tâchez d'en sortir promptement et de revenir parmi les vivans. Songez que vous serez ma voisine et que je pourrai vous voir toutes les fois que vous le désirerez. Nous avons tous besoin de vous ici, moi, mon ami, votre mère. Adieu, écrivez-moi à Villeneuve. Dites mille choses à nos amis. Amenez Madame de Cauvigny avec vous. Que de choses nous disons des gens que nous avons vus à Fervaques. Mille bonheurs ! Avez-vous entendu parler de Chênedollé ? J'ai aussi oublié ma clef dans ma chambre. Rapportez-là moi.

A vous pour la vie.

A Madame de Custine, au château de Fervaques, par Lisieux. Calvados.

Madame de Custine, nous l'avons dit, avait quitté la rue Martel pour installer ses pénates rue Verte, en face de la rue de Miromesnil, à la porte même de Madame de Chateaubriand. Ce choix pouvait être fort commode pour elle, mais il semblait blesser un peu les convenances. Il ne faudrait pas cependant lui en faire un reproche trop sévère : on trouve, en effet, dans ce caractère spirituel et enjoué de Madame de Custine un sentiment, au fond toujours le même, qui flotte de la légèreté à la témérité, mais qui de la témérité s'élève parfois jusqu'à l'héroïsme. Quelle fermeté d'âme n'avait-elle pas montrée quand, en 1794, au milieu des commissaires d'une section révolutionnaire qui perquisitionnaient chez elle et fouillaient tous ses meubles, elle traçait une mordante caricature de l'un d'eux, mettait les rieurs de son côté et sauvait ainsi sa vie ! Et de quelle témérité héroïque n'avait-elle pas fait preuve quand, en 1793 protégeant de sa présence son beau-père le général de Custine devant le tribunal révolutionnaire, elle avait d'un si grand courage, comme dit Chateaubriand, bravé l'échafaud ! C'est en faveur de cet héroïsme que bien des légèretés lui seront pardonnées ; il y a dans sa vie des pages qui lui assurent le respect et la sympathie de la postérité.

Dans la même lettre, nous remarquons ce passage : « Que de choses nous disons « des gens que nous avons vus à Fer- « vaques ! » A qui Chateaubriand a-t-il pu dire tant de choses, lui qui n'a fait que traverser Paris ? Probablement à la mère de Madame de Custine, la Marquise de Boufflers, s'il a eu le temps de la voir.

Chateaubriand se rend à Villeneuve sans perdre de temps. Il y reçoit, presque à son arrivée, une missive de Madame de Custine (le petit griffon). Elle lui renvoie une lettre fort suspecte qu'elle a reçue pour lui : une lettre de femme ! René se tire comme il peut de ce mauvais pas dans la réponse qu'il lui adresse :

Quel radotage que le petit griffon écrit en me renvoyant une lettre d'une *sœur* bretonne qui veut venir voir le couronnement! J'espère qu'on a reçu de Paris un griffon tout *autrement aimable*. Tâchez donc de quitter votre retraite. Le temps approche de la réunion. Je ne puis pas écrire plus long et plus longtems.

Villeneuve-sur-Yonne 1er novembre.
A Madame de Custine au château de Fervaques, par Lisieux. Calvados.

Si Madame de Custine avait quelquefois à souffrir, ce qui n'est pas douteux, du caractère *maussade* de Chateaubriand, celui-ci, à son tour, était souvent impatienté de ses plaintes, de ses jalousies, de ses exigences. On va en juger :

Je suis certainement désolé d'avoir manqué Chênedollé, et je ferai tout ce qu'il est possible de faire pour passer quelques jours avec lui ; mais aussi vous me persécutez trop.

Puis-je faire plus que je n'ai fait ? J'ai été deux fois vous voir contre tout sens commun ; j'ai resté avec vous aussi longtems et plus longtems que je ne le pouvais ; je vous assure que je suis fâché de vos plaintes très injustes. Je ne sais plus comment faire pour vous être agréable en quelque chose. Tâchez de voir que vous n'avez pas la raison de votre côté, et sachez-moi un peu de bien de mes voyages, que, je vous le proteste, je n'aurais pas faits pour d'autres que pour vous.

Mais parlons de choses plus agréables. Dites à Chênedollé que je l'attends cet hyver, au mois de janvier, qu'il faut absolument qu'il vienne passer quelque temps chez moi à Paris, qu'il faut que nous nous retrouvions encore au moins quelques moments ensemble. Eh ! bon Dieu, quand serons-nous maîtres de ne nous pas quitter un seul instant ? Vous, éternelle grondeuse, quand revenez-vous à Paris ? Quand quittez-vous votre château ? Je parie que vous me ferez encore la mine ! Mais je vous déclare que si vous me recevez avec une mine renfrognée, vous ne me verrez qu'une fois, car je suis enfin lassé de vos perpétuelles injustices. Allons, la paix. Arrivez, réparez vos torts, confessez vos péchés ; je vous reçois en miséricorde. Mais que le pardon soit sincère. Un million de bonjours, de joies, de souvenirs. Amitiés à nos amis, même à mon ennemie Madame de Cauvigny. Embrassez Chênedollé trois fois pour moi, mais pourtant en mon *intention*.

N'oubliez pas mon proscrit[1]. A vous, à vous et pour la vie.

Villeneuve-sur-Yonne, 9 novembre 1804.

A Madame de Custine, au château de Fervaques, par Lisieux, Calvados.

Rapprochons la première partie de cette lettre si dure de ton, si hautaine, si menaçante en apparence, des lignes finales qui font contraste, tant elles sont caressantes et presque tendres. Nous retrouvons dans d'autres circonstances

---

1. M. Bertin.

analogues, avec d'autres personnes, Madame Récamier par exemple, le même procédé; nous voyons le même homme tour à tour violent, impérieux, appelant une rupture qu'il ne veut pas, puis conciliant, aimant et si plein de douceur que, comme dit Madame de Custine, « on lui « croirait un bon cœur, » et ce bon cœur, il l'avait en effet. Ce manège voulu, prémédité était un trait de caractère : il semblait repousser celles qu'il désirait le plus retenir, mais retenir soumises à sa domination, à son humeur, à ses caprices.

Pour analyser ses sentiments souvent si complexes et qui semblent parfois se contredire, il est certains faits qu'il ne faut pas perdre de vue.

Chateaubriand, beaucoup plus aimé, à ce que l'on prétend, qu'il n'aimait lui-même, portait dans ses amours le même sentiment de défiance que ces femmes qui craignent d'être aimées plus pour leur fortune que pour elles-mêmes ; il avait pour les passions qu'il inspirait beaucoup de scepticisme ; un soupçon le poursuivait : Est-ce bien lui qu'on aimait, ou n'était-ce pas sa renommée, sa gloire, la poétique auréole qui couronnait son nom ?

Ce soupçon qui le suivait dans tous ses attachements, il en a fait lui-même l'aveu dans les *Mémoires d'outre-tombe* en racontant l'histoire si touchante de son amour pour Charlotte Ives.

— ...Je devais croire être aimé. Depuis
« cette époque, (son émigration en Angle-
« terre), je n'ai rencontré qu'un attache-
« ment assez élevé pour m'inspirer la
« même confiance. Quant à l'intérêt dont
« j'ai paru être l'objet dans la suite, je
« n'ai jamais pu démêler si des causes
« extérieures, si le fracas de la renommée,
« la parure des partis, l'éclat des hautes
« positions littéraires ou politiques n'était
« pas l'enveloppe qui m'attirait des em-
« pressements ».

Quel est, après les chastes amours de Charlotte Ives, cet autre attachement qui

a pu inspirer à René la même confiance ?
Le comte de Marcellus, en commentant ce
passage, déclare « qu'il a pu le deviner
« peut-être, mais qu'il doit imiter la dis-
« crétion du maître, et se taire. » Nous
sommes donc réduits à des conjectures. Il
est évident qu'il n'est pas question de
Madame de Chateaubriand, puisque son
mariage est antérieur de deux années à
ses relations avec Charlotte, où il s'est
montré bien léger ; il ne semble pas non
plus que ce soit à Madame de Custine que
Chateaubriand a pensé lorsqu'il écrivait
ces lignes en 1838 : l'origine de leur liaison
pouvait lui laisser quelque défiance, quoiqu'il ait conservé avec elle jusqu'à la fin
des relations très suivies ; probablement,
c'est de Madame de Beaumont qu'il s'agit
ici, car elle l'avait aimé avant sa gloire.

Le jugement de deux femmes d'une extrême distinction et de beaucoup d'esprit,
achèvera l'analyse du caractère personnel
que Chateaubriand lui-même vient de
nous révéler.

La sœur du duc de Richelieu, Madame de Montcalm veut prémunir le Comte de Marcellus, nommé secrétaire d'Ambassade à Londres, contre les déceptions qu'il rencontrerait auprès de son ambassadeur, s'il se livrait à lui sans réserve. Voici comment elle s'exprime : « N'espérez pas
« vous l'attacher. Chez ces génies qui ex-
« priment si bien le sentiment, le senti-
« ment réside peu. Leur estime, leur con-
« fiance ne mène pas à l'affection. Trop
« ardemment épris des chimères qu'ils se
« créent au dedans d'eux-mêmes, ils
« n'aiment rien au dehors. Par une péné-
« tration qui leur est propre, ils jugent de
« prime-abord ceux qui les approchent.
« Dès lors, quand ils se sont emparés de
« vous, ils se mettent à l'aise, car ils
« savent que pour vous garder à jamais,
« ils n'ont pas même besoin de la récipro-
« cité. »

Madame la duchesse de Duras, qui permettait à Chateaubriand de l'appeler « sa
« sœur », ajoute un trait à ce tableau :

« M. de Chateaubriand, disait-elle, ne
« gâte pas ses amis. J'ai peur qu'il ne soit
« un peu gâté par leur dévouement. Il ne
« répond jamais rien qui ait rapport à ce
« qu'on lui écrit, et je ne suis pas sûre
« qu'il le lise[1] ». Madame de Custine en
savait quelque chose.

On peut adresser à Chateaubriand tous
ces reproches et bien d'autres sans doute.
Veut-on dire qu'il a péché par l'excès de
l'amour-propre et de la vanité, par l'orgueilleuse exagération de son indépendance, qu'emporté vers le monde idéal
par les élans d'une imagination toute-puissante et sans contrôle, il retombait
ensuite, meurtri par les faits, dans les déceptions, la tristesse et l'ennui ? Nous
l'admettrons sans peine.

Mais y eut-il jamais une âme plus généreuse, plus éprise du beau et du sublime ?
Qui a jamais été doué d'une plus grande
tendresse de cœur, car ces sentiments qui

---

1. Comte de Marcellus, *Chateaubriand et son temps.*

sortaient de son âme, qui étaient son génie, qui étaient lui-même, comment les aurait-il exprimés, s'il ne les avait ressentis ?

Ramené bientôt à la réalité des choses, il se sentait arrêté par le doute ; une sorte de scepticisme s'emparait de lui, et il ne lui restait plus que l'inconstance et le dégoût. Avec une pareille nature, plus l'imagination est forte, plus les chutes sont profondes ; c'est qu'en effet, l'imagination seule est un guide peu sûr et que la direction de la vie humaine ne doit pas lui appartenir.

Faut-il s'étonner qu'on trouve ainsi un homme double dans Chateaubriand, l'un doué de tant de charmes, de tant d'esprit et de bonté, l'autre brusque et morose, absolu, impérieux, et pour prendre ses expressions mêmes, mobile comme le nuage, impétueux comme la tempête ? Sans doute, les femmes qu'il captivait avaient à souffrir ; il en faisait ses esclaves et leur infligeait le poids écrasant de ses déceptions et de ses caprices. A qui s'en prendre ? A lui sans doute, mais à elles aussi : l'expiation naît de la faute ; c'est ainsi que ces belles adorées portaient la peine de leurs folles amours, et que le châtiment venait à elles par leur adorateur. Croit-on qu'elles l'en aimaient moins pour cela ? Non sans doute. Comment n'auraient-elles pas préféré à de monotones tendresses les élans soudains et troublants de passions grandes et vagues comme l'infini, qui emportent l'âme jusqu'au pur idéal ! Quelle femme ne voudrait posséder ces dons de la vie supérieure même au prix de peines amères et de quelques douleurs !

Au surplus, veut-on avoir le portrait de Chateaubriand dans ce qu'on pourrait appeler son état normal ? Joubert, écrivant à M. Molé, va nous le donner : « Chateau-
« briand, que je vois la moitié de la jour-
« née, me fait peu compagnie ; mais ce
« n'est pas sa faute : c'est celle de ma lé-
« thargie. Je serais fort aise que vous le

« voyiez ici, pour juger de quelle incom-
« parable bonté, de quelle parfaite inno-
« cence, de quelle simplicité de vie et de
« mœurs, et au milieu de tout cela, de
« quelle inépuisable gaîté, de quelle paix,
« de quel bonheur il est capable, quand
« il n'est soumis qu'aux influences des
« saisons, et remué que par lui-même. Sa
« femme et lui me paraissent ici dans leur
« véritable élément. Quant à lui, sa vie
« est pour moi un spectable, un objet de
« contemplation ; il m'offre vraiment un
« modèle, et je vous assure qu'il ne s'en
« doute pas ; s'il voulait bien faire, il ne
« ferait pas si bien[1]. » Voilà un portrait
qui réfute bien des dénigrements et cor-
rige bien des injustices.

1. Lettre de Joubert : 18 novembre 1804.

CHAPITRE IV.

Mort de Madame de Caux. — Le voyage d'Orient. — La Vallée aux Loups. — Armand de Chateaubriand. — Madame de Custine à Rome. — Le docteur Koreff. — Fouché duc d'Otrante.

Le jour même où Chateaubriand écrivait à Madame de Custine la lettre qu'on a lue plus haut, mourait à Paris la plus chère de ses sœurs : Lucile, Madame de Caux, dont la santé, longtemps chancelante, n'avait cessé d'empirer depuis que Chateaubriand, trois mois auparavant, avait écrit à Chênedollé : « Lucile est très « malade. »

Cette femme illustre a occupé trop de place dans la vie de son frère pour que nous mentionnions sa mort comme un simple incident, sans nous y arrêter, au moins un instant. Un portrait par Chateaubriand, deux lettres d'elle, quelques lignes enthousiastes de Chênedollé, suffiront pour nous faire connaître cette noble figure et nous apprendre à la respecter.

Dans la première rédaction des Mémoires de sa vie, commencée en 1809, Chateaubriand trace le portrait de Lucile à 17 ans.

« Elle était grande et d'une beauté remar« quable, mais sérieuse ; son visage pâle
« était accompagné de longs cheveux noirs ;
« elle attachait souvent au ciel des regards
« pleins de tristesse et de feu. Sa dé« marche, sa voix, sa physionomie avaient
« quelque chose de rêveur et de souffrant...
« Je l'ai souvent vue, un bras jeté sur sa
« tête comme une statue antique, rêver
« immobile et inanimée ; retirée vers son
« cœur, sa vie ne paraissait plus au dehors
« et son sein même ne se soulevait plus.
« Par son attitude, sa mélancolie, sa
« beauté, elle ressemblait à un génie
« funèbre. »

Chênedollé, qui lui avait été présenté à Paris en 1802, s'éprit éperdûment de cette âme délicate et passionnée. Il lui demanda sa main; Lucile n'accueillit pas sa demande et lui refusa toute espérance de mariage; mais elle lui accorda son amitié, amitié très tendre, telle que peut être celle d'une femme qui, tout en aimant beaucoup, veut rester chaste et pure. Ce sentiment très particulier, qui n'excluait pas une familiarité respectueuse et reposait sur une confiance sans bornes, est peint admirablement dans cette lettre de Lucile à Chênedollé :

Rennes, ce 2 avril 1803.

Mes moments de solitude sont si rares que je profite du premier pour vous écrire, ayant à cœur de vous dire combien je suis aise que vous soyez plus calme. Que je vous demande pardon de l'inquiétude vague et passagère que j'ai sentie au sujet de ma dernière lettre! Je veux encore vous dire que je ne vous écrirai point le motif que j'ai cru, à la réflexion, qui vous avait engagé à me demander ma parole de ne point me marier. A propos de cette parole, s'il est vrai que vous ayez l'idée que nous pourrions être un jour unis, perdez tout à fait cette idée : croyez que je ne suis point d'un caractère à souffrir jamais que vous sacrifiiez votre destinée à la mienne. Si, lorsqu'il a été, ci-devant, entre nous question de mariage, mes réponses ne vous ont point paru ni fermes ni décisives, cela provenait seulement de ma timidité et de mon embarras, car ma volonté était, dès ce temps-là, fixe et point incertaine. Je ne pense pas vous peiner par un tel aveu qui ne doit pas beaucoup vous surprendre, et puis, vous connaissez mes sentiments pour vous : vous ne pouvez aussi douter que je me ferais un honneur de porter votre nom ; mais je suis tout à fait désintéressée sur mon bonheur, et votre amie ; en voilà assez pour vous faire concevoir ma conduite envers vous.

Je vous le répète, l'engagement que j'ai pris avec vous de ne point me marier a pour moi du charme, parce que je le regarde presque comme un lien, comme une espèce de manière de vous appartenir. Le plaisir que j'ai éprouvé en contractant cet engagement est venu de ce que, au premier moment, votre désir à cet égard me sembla comme une preuve non équivoque que je ne vous étais pas bien indifférente. Vous voilà maintenant bien clairement au fait de mes secrets ; vous voyez que je vous traite en véritable ami.

S'il ne vous faut, pour rendre vos bonnes grâces aux muses, que l'assurance de la persévérance de mes sentiments pour vous, vous pouvez vous réconcilier pour toujours avec elles. Si ces divinités, par erreur, s'oublient un instant avec moi, vous le saurez. Je sais que je ne puis consulter sur mes productions un goût plus éclairé et plus sage que le vôtre ; je crains simplement votre politesse. Quant à mes Contes, c'est contre mon sentiment, et sans que je m'en sois mêlée, qu'on les a imprimés dans le *Mercure*. Je me rappelle confusément que mon frère m'a parlé à cet égard ; mais je n'y fis aucune attention, ni ne répondis. J'étais au moment de quitter Paris ; j'étais incapable de rien entendre, de réfléchir à rien : une seule pensée m'occupait, j'étais tout entière à cette pensée. Mon frère a interprété pour moi mon silence d'une façon fâcheuse. Je vous sais gré de l'espèce de reproche que vous me faites au sujet de l'impression de mes Contes, puisqu'il me met à lieu de connaître votre soupçon et de le détruire. Soyez bien certain que je n'ai point consenti à la publicité de ces Contes, et que je ne m'en doutais même pas. J'espère que quand vos affaires de famille seront terminées, vous vous fixerez à Paris. Ce séjour vous convient à tous égards, et je voudrais toujours que votre position soit la plus agréable possible. Adieu. Vous voudrez bien, quand il en sera temps, me mander votre départ de Paris, afin que je n'y adresse pas mes lettres. Je compte encore rester quinze jours dans cette ville-ci. Après cette époque, adressez-moi vos dépêches à Fougères, à l'hôtel Marigny.

Quoique vos dépêches soient les plus aimables du monde, ne les rendez pas fréquentes ; j'en préfère la continuité. Vous devez être fort paresseux et moi-même je suis fort sujette à la paresse. Je vous recommande surtout de me faire part de tous vos soupçons à mon égard ;

cette preuve d'intérêt me sera infiniment précieuse.

Lucie vint de Bretagne se fixer à Paris dans le courant de l'automne. Son frère l'avait établie d'abord dans un appartement de la rue Caumartin, qu'elle quitta bientôt pour aller demeurer rue du faubourg Saint-Jacques, chez les dames Saint-Michel, dont Madame de Navarre était la Supérieure. De cette maison de retraite, elle adressait à son frère des lettres pleines d'émotion, empreintes de la plus vive tendresse et d'une exaltation de sensibilité qui touchait au désespoir. Ces lettres passionnées et douloureuses dénotent l'état d'une âme atteinte par de profondes souffrances.

Il n'est pas certain que Lucile ait maintenu jusqu'à la fin le pacte qu'elle avait formé avec Chênedollé et qu'elle soit restée fidèle à cette persévérance de sentiments qu'elle lui avait promise. Une des dernières lettres adressées par elle à son frère, permettrait d'en douter. Voici cette lettre qui peint l'état de cette âme prête à quitter la terre; elle est très touchante :

Me crois-tu sérieusement, mon ami, à l'abri de quelque impertinence de M. Chênedollé ? Je suis bien décidée à ne point l'inviter à continuer ses visites ; je me résigne à ce que celle de mardi soit la dernière. Je ne veux point gêner sa politesse. Je ferme pour toujours le livre de ma destinée, et je le scelle du sceau de la raison ; je n'en consulterai pas plus les pages, maintenant, sur les bagatelles que sur les choses importantes de la vie. Je renonce à toutes mes folles idées ; je ne veux m'occuper ni me chagriner de celles des autres ; je me livrerai à corps perdu à tous les événements de mon passage dans le monde. Quelle pitié que l'attention que je me porte ! Dieu ne peut plus m'affliger qu'en toi. Je le remercie du précieux, bon et cher présent qu'il m'a fait en ta personne et d'avoir conservé ma vie sans tache : voilà tous mes trésors. Je pourrais prendre pour emblème de ma vie la lune dans un nuage, avec cette devise : *souvent obscurcie, jamais ternie*. Adieu, mon ami. Tu seras peut-être étonné de mon langage depuis hier matin. Depuis t'avoir vu, mon cœur s'est élevé vers Dieu, et je l'ai placé tout entier au pied de la croix, sa seule et véritable place.

Complétons le portrait de Lucile par quelques lignes que Chênedollé a consacrées à son amie, dès qu'il eut à la pleurer :
« Auprès de cette femme céleste, je n'ai
« jamais formé un désir ; j'étais pur
« comme elle ; j'étais heureux de la voir,
« heureux de me sentir près d'elle. C'était
« l'espèce de bonheur que j'aurais goûté
« auprès d'un ange... Celui qui n'a pas
« connu Lucile ne peut savoir ce qu'il y
« a d'admirable et de délicat dans le cœur
« d'une femme. Elle respirait et pensait
« au ciel. Il n'y a jamais eu de sensibilité
« égale à la sienne. Elle n'a point trouvé
« d'âme qui fût en harmonie avec la
« sienne ; ce cœur si vivant et qui avait

« tant besoin de se répandre a fini par « dévorer sa vie[1]. »

Pendant le séjour de son frère à Villeneuve, Madame de Caux changea encore une fois de résidence. Où alla-t-elle ? Nul ne le sait. Mais les soins du bon Saint-Germain, l'ancien domestique de Madame de Beaumont, la suivirent partout. Ce vieux et fidèle serviteur assista seul à ses derniers moments. Elle mourut à Paris le 9 novembre 1804. Pauvre femme, d'une si grande âme, qui a touché presque au génie, et qui poursuivie par les traits d'une fable odieuse, n'a pas trouvé le repos même dans la mort[2].

---

1. Papiers de Chênedollé publiés par Sainte-Beuve.
2. Sainte-Beuve a sur la conscience cette fable-là. C'est lui qui l'a créée, et la malignité publique s'en est emparée. Sur quelle pauvreté d'arguments elle repose! Que de soupçons perfides et sans base, que d'arguties stériles, *inania verba!* Tandis qu'il est si facile, avec un peu d'expérience du cœur humain, d'établir par une analyse exacte des sentiments intimes et par des indices irréfragables, qu'il n'y a absolument rien de commun entre Lucile et l'amour d'Amélie! Pourquoi cet achar-

Saint-Germain annonça par quelques lignes la mort subite de sa maîtresse à Chateaubriand qui en fit part presque aussitôt à Madame de Custine.

Villeneuve-sur-Yonne.

Depuis ma dernière lettre, j'ai éprouvé une des plus grandes peines que je puisse encore ressentir dans cette vie. J'ai perdu une sœur que j'aimais plus que moi-même et qui me laissera d'éternels regrets. Cette solitude qui se fait tous les jours autour de moi m'effraye, et je ne sais qui comblera jamais le vide de mes jours. Je suis sans avenir, et bientôt même je vais être obligé de me retirer dans quelque coin du monde, car ma fortune ne me permettra plus de vivre à Paris, et je ne prévois pas comment jamais je deviendrai plus heureux sous ce rapport. Que deviendrai-je ? Je n'en sais rien. Il ne me reste plus qu'à désirer le bonheur de ceux que

---

nement à tout flétrir, uniquement pour enlever leur couronne aux Grâces et la pudeur à l'amour fraternel ?

j'aime. Tâchez donc d'être heureuse ! Tâchez de délivrer mon ami[1]. Aimez moi un peu, si vous pouvez. J'ai tant rêvé de bonheur, et je me suis si souvent trompé dans mes songes que je commence à prendre votre rôle, à être tout à fait sans espoir. Mille tendresses.

Quand serez-vous à Paris ?

2 frimaire, 23 novembre.

A Madame de Custine,
au Château de Fervaques, par Lisieux.

La mort de Lucile avait frappé Chateaubriand comme d'un coup de foudre. Le souvenir de sa jeunesse, les grèves de Saint-Malo, ou le mail et les bois de Combourg, les promenades solitaires « où ils « traînaient tristement sous leurs pas les « feuilles séchées », durent lui apparaître avec le souvenir de sa compagne, de la protectrice de son enfance, de celle qui avait partagé ses tristesses et ses rêves.

1. M. Bertin.

En elle il pleurait « une sainte de génie, « que l'égarement n'empêchait pas de « s'orienter vers le ciel. »

La douleur de Madame de Chateaubriand ne fut pas moins vive ; elle ne versait pas moins de larmes, mais ses regrets empruntaient à sa piété des accents différents : « Toute meurtrie des caprices « impérieux de Lucile, elle ne vit qu'une « délivrance pour la chrétienne arrivée au « repos du Seigneur. »

Dans la lettre que nous avons déjà citée, Joubert, de son côté, rend témoignage de l'affliction de ses deux amis : « Il (Chateaubriand) a perdu depuis huit « jours sa sœur Lucile, également pleurée « de sa femme et de lui, également honorée de l'abondance de leurs larmes. « Ce sont deux aimables enfants, sans « compter que le garçon est un homme « de génie. »

A partir de la lettre par laquelle Chateaubriand annonce la mort de sa sœur, celles qui suivent, étiquetées de la main de Madame de Custine, ne portent plus comme les précédentes un numéro d'ordre écrit par elle, et comme le plus souvent Chateaubriand ne les a pas datées, le classement en est difficile. Cependant en rapprochant chacune d'elles d'autres lettres émanant soit de Joubert et de ses correspondants, soit de Chênedollé et de Madame de Custine elle-même, on arrive, pour presque toutes, à une date approximative certaine. Les Mémoires si intéressants de Madame de Chateaubriand surtout[1] nous ont été d'un grand secours pour ce classement.

Cependant une question se pose naturellement ici : Pourquoi ces lettres, étiquetées précédemment par numéros d'ordre, cessent-elles de l'être ? Serait-ce un indice de refroidissement dans les relations réciproques ? Nullement : l'intimité, entre

---

1. *Madame de Chateaubriand*, d'après ses mémoires et sa correspondance, par M. G. Pailhès.

Chateaubriand et Madame de Custine n'a jamais été plus grande que dans le courant de l'année 1805 et les six premiers mois de 1806, jusqu'au départ de Chateaubriand pour l'Orient. Toutefois il faut reconnaître que les lettres deviennent plus rares ; mais il faut attribuer ce fait au séjour que Chateaubriand et Madame de Custine ont fait simultanément à Paris pendant cette période : ils se voyaient et ne s'écrivaient pas.

Quant à la persistance de leurs relations, des documents nombreux et très certains vont nous en donner la preuve.

M. et Madame de Chateaubriand quittèrent la maison de Joubert, à Villeneuve-sur-Yonne, dans les premiers jours du mois de janvier 1805 et rentrèrent dans leur maison de la rue de Miromesnil qui venait d'être vendue et qu'ils devaient bientôt quitter.

Le 12 janvier, Chateaubriand écrit à Chênedollé pour l'informer de son retour et l'inviter à venir le voir à Paris. « ...Je

« suis enfin revenu de Villeneuve pour ne
« plus y retourner cette année. Je vous
« attends ; votre lit est prêt ; ma femme
« vous désire. Nous irons nous ébattre
« dans les vents, rêver au passé et gémir
« sur l'avenir. Si vous êtes triste je vous
« préviens que je n'ai jamais été dans un
« moment plus noir : nous serons comme
« deux Cerbères aboyant contre le genre
« humain. Venez donc le plus tôt possible.
« Madame de C... (Custine) doit vous
« avoir un passeport[1]. Venez ; le plaisir
« que j'aurai à vous embrasser me fera
« oublier toutes mes peines. »

L'invitation adressée à Chênedollé resta sans effet ; il ne vint pas à Paris. Près de trois mois s'écoulèrent, et Madame de Custine, sur le point de partir pour Fervaques, lui écrit à la date du 28 mars :
« ...Ce que j'ai de la peine à vous par-
« donner, c'est que vous me ne dites rien

---

1. Le régime des passeports dont la Convention avait doté la France au nom de la liberté, n'a été aboli que sous le règne de Napoléon III.

« de Fervaques. Vous ne me promettez
« pas d'y venir et longtems. Notre ami
« dit qu'il y passera six semaines, mais
« je ne suis pas femme à prendre à ces
« choses-là. Je suis plus folle que jamais, et
« je suis plus malheureuse que je ne puis
« dire. Le *Génie* (Chateaubriand) se ré-
« jouit de vous voir. Il prend part à vos
« douleurs, et quand il parle de vous, on
« serait tenté de croire qu'il a un bon
« cœur. »

Notons ce dernier trait dont tous ceux qui n'aiment pas Chateaubriand ont fait contre lui un grand usage. Il est clair qu'en écrivant ces lignes, Madame de Custine était de bien mauvaise humeur. Entre Delphine et René que s'était-il donc passé ? Il serait curieux de reproduire une de ces scènes qui troublaient de temps à autre leur intimité ; quelques lignes de chacun d'eux nous rend la tâche facile : L'une se plaignait sans cesse, éclatait en jalousies et en reproches, s'emportait, pleurait, puis se mettait à bouder ;

L'autre, René, peu patient de sa nature, prenait ses airs sombres, rappelait son amie au sens commun, menaçait d'une rupture et partait. Mais toute cette colère ne durait pas, et quelque billet, laconique comme celui-ci, servait de préambule à une prompte réconciliation :

A demain, Grognon. ★

A Madame de Custine.

Dans l'intervalle, Madame de Custine avait trouvé le temps d'épancher dans quelque lettre ses larmes et ses fureurs contre un bourreau qui la rendait « plus « malheureuse que jamais » et dont aussi « plus que jamais elle était folle ».

Il ne faut pas prendre au tragique, comme l'ont fait les biographes, ces querelles passagères, légers orages du printemps, qui chez l'une n'éteignaient pas l'amour et qui laissaient subsister chez l'autre une durable amitié.

Ce court billet ne porte ni date ni

adresse; une date était inutile : Chateaubriand ne l'écrivait pas pour la postérité, et quant à l'adresse, la femme de chambre qui devait le remettre à sa maîtresse n'en avait pas besoin. Mais quel est ce signe mystérieux, cette étoile, qu'on y remarque et que René n'a reproduit nulle part dans sa correspondance?...

Voici un autre billet, sans date, qui doit se placer à peu près à l'époque où nous sommes arrivés, c'est-à-dire avant que Madame de Custine quittât le quartier de la rue Miromesnil :

A Madame de Custine, rue de Miromesnil, 19, Place Beauveau.

J'irai vous demander à dîner. Je ne pourrai être chez vous avant cinq heures ou cinq et demie. J'aurais répondu à votre lettre, si je n'avais préféré vous porter la réponse moi-même. Je vous écris ce mot chez Bertin et nous parlons de vous.

Mercredi.

Si Chateaubriand faisait de si fréquentes visites, des visites journalières à Madame de Custine, il était aussi de toutes ses soirées, et la plupart du temps, quand elle recevait à dîner un personnage intéressant à quelque titre, il était son commensal.

C'est ainsi qu'un jour il dîna chez elle avec l'abbé Furia, adepte des rêveries mystiques de Swedenborg et des théories magnétiques de Mesmer. L'abbé Furia entreprit de tuer un serin en le magnétisant; mais, « le serin fut le plus fort, et « l'abbé, hors de lui, fut obligé de quitter « la partie, de peur d'être tué par le « serin ». Chateaubriand, qui raconte cette scène plaisante, ne croyait pas plus au magnétisme, où la part du charlatanisme l'emportait considérablement sur celle de la vérité, qu'il ne croirait de nos jours aux tables tournantes et aux pratiques superstitieuses qui en dérivent. Le nom de l'abbé Furia a reparu ces années dernières en cour d'assises à propos d'un procès criminel. Il paraît qu'il a encore des disciples.

« Une autre fois (mais plus tard, probablement en 1807), « le célèbre Gall, toujours chez Madame de Custine, dit Cha-
« teaubriand, dîna près de moi sans me
« connaître, se trompa sur mon angle fa-
« cial, me prit pour une grenouille, et
« voulut, quand il sut qui j'étais, raccommo-
« der sa science d'une manière dont j'étais
« honteux pour lui. » Il est permis de supposer que Chateaubriand a un peu exagéré ce qu'il y eut de ridicule dans ce singulier diagnostic. Mais, quel que soit le discrédit où est tombée sa phrénologie, Gall était un homme sérieux que l'esprit de système n'a pu pousser jusqu'à l'extravagance. Dans tous les cas, cette anecdote reçut, à ce qu'il paraît, quelque publicité, car, environ quatorze ans avant que Chateaubriand la racontât dans les *Mémoires d'outre-tombe*, le docteur Gall la démentait déjà : « Dans un dîner où je me trouvais

« à Londres, en 1823, avec le docteur
« Gall, dit le comte de Marcellus, il se
« défendit vivement de sa bévue envers
« M. de Chateaubriand, que celui-ci m'avait
« racontée, et il prit fort au sérieux l'his-
« toire de la grenouille. »

Revenons à Madame de Custine. Elle partit pour Fervaques, où Chateaubriand alla la rejoindre le 24 juillet. Dès le lendemain de son arrivée, elle adresse à Chênedollé une nouvelle lettre : « Colo
« (Chateaubriand) est ici depuis hier ; il
« vous désire et nous serons tous charmés
« de vous voir. Comme à son ordinaire,
« il dit qu'il ne restera que quelques
« jours. Aussi, si vous voulez encore le
« trouver ici, aussitôt ma lettre reçue,
« mettez-vous en route et arrivez le plus
« tôt que vous pourrez. »
Cette lettre, que nous abrégeons, est suivie de quelques lignes de Chateaubriand : « Vous savez peut-être, mon cher

« ami, que le voyage de Suisse est man-
« qué, du moins pour moi[1]. Je suis à
« Fervaques ; j'y suis pour quinze jours :
« vous seriez bien aimable d'y venir.
« Nous tâcherons de nous rappeler ces
« vers que vous me demandez. Venez
« donc, mon cher ami, nous parlerons de
« notre automne. Mais venez vite, car
« vous ne me trouveriez plus. »

Chênedollé se rendit à cette double invitation. Il vit à Fervaques son ami qui lui fit part de ses projets de voyage en Orient. Par discrétion sans doute et par ménagement, Chênedollé n'en avertit pas Madame de Custine.

C'est seulement l'année suivante, dans le courant de l'été, que Chateaubriand alla lui-même lui annoncer ce fatal voyage, dont la nouvelle devait lui briser le cœur. La lettre qu'elle adressa immédiatement à Chênedollé mérite d'être reproduite ;

---

1. Ce voyage de Suisse se fit plus tard. Il faut en lire le récit dans les mémoires si intéressants et si spirituels de Madame de Chateaubriand, publiés par M. G. Pailhès.

nous l'empruntons au livre de Sainte-Beuve sur Chateaubriand :

Fervaques, ce 24 juin 1806.

Enfin je reçois de vos nouvelles ; j'y avais réellement renoncé. C'était si bien fini, que vous n'avez rien su et que vous savez rien du tout. Le *Génie* est ici depuis quinze jours ; il part dans deux, et ce n'est pas un départ ordinaire, ce n'est pas un voyage ordinaire non plus. Cette chimère de Grèce est enfin réalisée. Il part pour remplir ses vœux et détruire tous les miens. Il va accomplir ce qu'il désire depuis longtems. Il sera de retour au mois de novembre à ce qu'il assure. Je ne puis le croire. Vous savez si j'étais triste l'année dernière : jugez donc de ce que je serai cette année. J'ai pourtant pour moi l'assurance d'être mieux aimée ; la preuve n'en est guère frappante : il part d'ici dans deux jours pour un grand voyage. Je ne vous engage donc point à venir à présent ; mais si, dans le courant de l'été, vous vous en sentez le courage, vous me ferez plaisir, et d'après ce que vous venez d'apprendre, vous serez, je pense, rassuré sur l'effet que pourrait faire votre tristesse. Je vous quitte, car vous savez dans quelles angoisses je dois être ; je ne puis causer plus longtems.

La chère souris (Madame de Vintimille) est ici.

Tout a été parfait depuis quinze jours, mais aussi tout est fini.

Tout n'était pas fini cependant, comme la suite des faits nous l'apprendra. Après ce voyage en Orient qui lui causa tant d'émotions, Madame de Custine retrouvera tout ce qu'elle croyait avoir perdu, dans un sentiment nouveau, non moins sincère et non moins tendre, mais transformé : celui de l'amitié, de cette amitié particulière qui garde toujours l'empreinte du sceau de l'amour. Le calme succédera-t-il pour elle aux orages du cœur ? Nous retrouverons partout, dans les lettres de Chateaubriand, l'expression de sa tendre affection qui persistera jusqu'à la fin.

Le voyage d'Orient avait été décidé en 1806. M. et Madame de Chateaubriand allèrent d'abord en Bretagne faire leurs adieux à leur famille, et le 15 juillet ils partirent ensemble pour Venise. Là ils se séparèrent : le 29 juillet, Chateaubriand quitta Venise pour gagner Trieste où il s'embarqua le 1er août, et Madame de Chateaubriand, accompagnée de Ballanche, qui était allé la rejoindre, revint à l'hôtel de Coislin attendre le retour de son mari.

Chateaubriand, dans le cours de son voyage, n'écrivit à personne. Madame de Chateaubriand passa dans les transes de l'inquiétude les longs mois qui suivirent.

Sans doute, Madame de Custine éprouvait aussi, comme ses lettres l'indiquent, les chagrins de l'absence. Mais peut-on supposer que moins de quatorze jours après le départ du voyageur, déjà folle de terreur parce qu'elle n'avait pas reçu de nouvelles de lui, elle se soit rendue « en suppliante » chez Madame de Chateaubriand pour lui en demander? Elle aurait reculé sans doute devant une pareille démarche ; le sens parfait des convenances, qui régnait dans le monde où elle vivait, aurait suffi pour l'en détourner.

Cette supposition, blessante pour Madame de Custine, repose sur deux mots obscurs de deux lettres de Madame de Chateaubriand à M. et Madame Joubert, datées l'une du 29 juillet, l'autre du 24 août 1806, dans lesquelles elle se plaint de ce que la « chère comtesse ne l'abandonne pas assez. » Où est la preuve que la chère comtesse soit Madame de Custine? A cette époque celle-ci n'était même pas à Paris, mais à Fervaques où elle attendait Chênedollé. Il est probable que la chère comtesse n'était autre que Madame de Coislin qui, en qualité de voisine, imposait, peut-être un peu plus que de raison, à Madame de Chateaubriand sa présence, ses consolations et son amitié. Ces deux dames habitaient, place de la Concorde, dans la maison du garde-meuble.

Le voyage de Chateaubriand, de son départ de Trieste le 1ᵉʳ août 1806, à son retour à Bayonne le 5 mai 1807, dura exactement neuf mois et quelques jours. Il avait visité Athènes, Sparte, Constantinople « pays de forte et d'ingénieuse mémoire »; il avait accompli le pèlerinage de Jérusalem, était revenu par Alexandrie, Tunis et l'Espagne et avait ainsi fait le tour complet de la Méditerranée. Il se plaisait à s'appliquer ce vers du poète :

Diversa exsilia et diversas quærere terras,

fier qu'il était d'avoir vu d'autres cieux et ajouté de nouveaux et sublimes souvenirs aux hasards de sa vie errante.

A son retour, il reprit ses relations avec Madame de Custine, dont le zèle et le dévouement furent bientôt mis à l'épreuve dans une circonstance où Chateaubriand faillit être frappé par les colères de Napoléon.

Tout le monde connaît l'article du *Mercure* (4 juillet 1806), où se trouve cette phrase éloquente :

« Lorsque, dans le silence de l'abjec-
« tion, l'on n'entend plus retentir que la
« chaîne de l'esclave et la voix du dé-
« lateur ; lorsque tout tremble devant le
« tyran, et qu'il est aussi dangereux
« d'encourir sa faveur que de mériter sa
« disgrâce, l'historien paraît chargé de
« la vengeance des peuples. C'est en
« vain que Néron prospère, Tacite est
« déjà né dans l'empire ; il croît inconnu
« auprès des cendres de Germanicus, et
« déjà l'intègre Providence a livré à un
« enfant obscur la gloire du maître du
« monde. »

Napoléon sentit l'allusion et s'irrita. « La foudre, dit Joubert, resta quelque « temps suspendue ; à la fin le tonnerre

« a grondé ; le nuage a crevé : tout cela
« a été vif et même violent. Aujourd'hui
« tout est apaisé. » Cependant la rédaction du *Mercure* fut changée, et Chateaubriand, par l'intermédiaire du Préfet de police, M. Pasquier, reçut l'ordre de s'exiler à quelques lieues de Paris.

Madame de Custine avait fait ce qu'elle avait pu auprès du « grand ami », l'inévitable Fouché, pour écarter le danger. Mais il est fort douteux que celui-ci soit intervenu dans cette affaire, qui se traita entre l'Empereur et Fontanes. La colère de Napoléon ne dura pas, puisque, peu de temps après, il faisait nommer le coupable membre de l'Académie française.

C'est à cette époque que Chateaubriand acheta près de Sceaux, à Aulnay, la maison de la Vallée-aux-Loups, au milieu des bois, dans un site solitaire, où rien ne rappelait le voisinage de la capitale. Ce lieu désert avait alors des beautés agrestes qui ne se rencontrent plus que dans quelques-unes de nos provinces, en Auvergne, ou en Bretagne. Nulle part les rêves et la mélancolie ne pouvaient trouver de plus mystérieux asiles que sous les grands chênes de ce bois d'*Ecoute-la-pluie,* dont on lit sur les vieilles cartes le nom pittoresque.

Tous ces alentours n'existent plus ; les gorges profondes, les chemins creux et ravinés, les chênes centenaires, les châtaigniers aux vastes ombrages, tout a disparu, tout est dénudé, nivelé, morcelé. L'âme de la solitude, la poésie de ces lieux sauvages a fui sans retour.

Un souvenir intéressant que Madame de Chateaubriand a consigné dans ses Mémoires, se rattache à cette propriété, qui avait appartenu, dit-elle, à un brasseur très riche de la rue Saint-Antoine. Ce brasseur, au moment de la Révolution, avait rendu un assez grand service à la famille royale. En reconnaissance, la reine lui fit dire un jour qu'elle irait visiter sa brasserie d'Aulnay. Le bonhomme ne trouvant pas sa chaumière assez belle pour recevoir sa souveraine, fit construire en trois jours le petit pavillon qui se trouve sur un des coteaux du jardin et qui était effectivement de trop magnifique fabrique pour le reste de l'habitation.

En 1807, la Vallée-aux-Loups était dans toute sa beauté. Une lettre de Joubert à Chênedollé, du 1er septembre, nous en donne une description intéressante :

« Il (Chateaubriand) a acheté au delà
« de Sceaux un enclos de quinze arpents
« de terre et une petite maison. Il va être
« occupé à rendre la maison logeable, ce
« qui lui coûtera un mois de temps au
« moins, et sans doute aussi beaucoup
« d'argent. Le prix de cette acquisition,
« contrat en main, monte déjà à plus de
« 80,000 francs. Préparez-vous à passer
« quelques jours d'hiver dans cette soli-
« tude, qui porte un nom charmant pour
« la sauvagerie : on l'appelle dans le
« pays : Maison de la Vallée-au-Loup. J'ai
« vu cette Vallée-au-Loup ; cela forme un
« creux de taillis assez breton et même

« assez périgourdin. Un poète normand
« pourra s'y plaire. Le nouveau posses-
« seur en paraît enchanté, et, au fond, il
« n'y a point de retraite au monde où l'on
« puisse mieux pratiquer le précepte de
« Pythagore : « Quand il tonne, adore
« l'écho. »

C'est dans cette solitude champêtre
que Chateaubriand mit la dernière main
à son poème des *Martyrs*. On montre
encore, dans un des sites les plus pitto-
resques du parc, le pavillon isolé qui
formait son cabinet d'étude et de travail.

Depuis, M. le duc de Doudeauville,
propriétaire de la Vallée-aux-Loups, a fait
de « l'enclos » un grand parc ; un peu au
delà de la « petite maison, » il a élevé une
splendide demeure. Tout ce qui rappelle
le grand écrivain a été respecté ; le pavillon
où furent écrits les *Martyrs* et l'*Itinéraire*
existe toujours ; la maison qui semble en
effet si petite, et qui pourtant a suffi pour
cette société d'élite qui y assistait ravie à
la lecture des chefs-d'œuvre, n'est plus

habitée, mais elle est remplie de fleurs et de plantes rares ; deux cariatides apportées d'Orient y rappellent Athènes et la Grèce ; des arbres mêmes que Chateaubriand avait plantés, souvenirs de ses voyages et des lointains pays, quelques-uns survivent encore, chargés du poids des ans.

C'est dans les *Mémoires d'outre-tombe* qu'il faut lire la description de la Vallée-aux-Loups. Ce vallon doit toute son illustration aux admirables pages de Chateaubriand. « C'est là qu'il écrivit les *Martyrs,*
« les *Abencerrages,* l'*Itinéraire, Moïse ;*
« c'est là qu'il était, nous dit-il, dans des
« enchantements sans fin... Un jour les
« jeunes arbres qu'il y avait plantés pro-
« tégeraient ses vieux ans ! » Mais ce vœu n'a pas été exaucé ; dans un moment de détresse, il dut vendre sa chère retraite, et depuis, il n'a cessé d'exhaler ses plaintes de l'avoir perdue : « De toutes les choses
« qui me sont échappées, la Vallée-aux-
« Loups est la seule que je regrette ; il
« est écrit que rien ne me restera ! »

Le poème des *Martyrs,* dont nous avons vu naître la première pensée au mois de juin 1804, était terminé ; il ne s'agissait plus que d'en faire la publication, pour laquelle l'auteur traita, vers la fin de 1808, avec Lenormant. Cette publication ne se pouvait accomplir sans formalités : il fallait d'abord que le livre passât par la censure, qui exigea des corrections ou des suppressions. Pour faire lever l'embargo, Madame de Custine usa, comme d'habitude, de son crédit, peut-être plus apparent que réel, auprès de son « grand ami », de Fouché, qui promit tout, ne fit rien, et promena Chateaubriand et sa protectrice à travers toutes les transes, de l'espérance à la crainte, jusqu'à ce qu'il eût finalement la main forcée par une puissance supérieure à la sienne.

Après plusieurs billets qui marquent bien ces alternatives[1], Chateaubriand écrit à Madame de Custine la lettre suivante :

1. Ces billets inédits ont été publiés par M. Bardoux : *Madame de Custine.*

Chère belle, mille pardons, nous sommes dans les tracas jusqu'au cou. Nous remporterons la victoire, mais on nous fait toutes les difficultés possibles. Je ne cesse de courir ainsi que Bertin. Le maître a parlé, il a loué le livre; d'où nous espérons que les Etienne seront vaincus [1]. Mais la philophie pousse des rugissements. Encore deux ou trois jours et nos affaires seront arrangées. Votre grand ami s'est un peu moqué de nous. J'irai vous voir entre quatre et cinq heures. Dites-moi si vous y serez.

A madame,
Madame de Custine, rue de Miromesnil, au coin
de la rue Verte.

Cette lettre paraît antérieure de quelques jours à celle que M. Bardoux a publiée et dans laquelle nous lisons :

« Le grand ami (Fouché) s'est joué de nous. L'ordre d'attaquer vient de lui, vous pou-

1. Le *Journal des Débats* confisqué et devenu le *Journal de l'Empire* avait Etienne pour directeur politique et Hoffman pour directeur littéraire.

vez en être sûre. Eh bien, il n'y a pas grand mal : l'article est bête et ridicule, et il y a tant de louanges d'ailleurs, que je souhaite n'avoir jamais de pire ennemi. Vous êtes bonne et aimable, tranquillisez-vous. Je ne fais que rire de cela. Cela m'amuse d'être attaqué littérairement par ordre et par un mouchard. »

Chateaubriand se flatte, dans la première lettre, que les Etienne seront favorables ou garderont le silence ; dans la seconde au contraire, ces espérances sont déçues : l'article d'Hoffman a déjà paru. Chateaubriand prétend qu'il s'en amuse et qu'il ne fait qu'en rire ; mais, en réalité, son amour-propre froissé en souffrit cruellement.

Pour nous qui jugeons à distance et tout à la fois la critique et l'œuvre critiquée, il nous semble qu'il n'y avait pas lieu de s'émouvoir autant, et que, sans doute, Hoffman était trop peu à la hauteur du grand style épique des *Martyrs* pour se faire juger d'un pareil livre.

Si nous avions à faire ici une étude littéraire, nous ferions remarquer à quel point tout ce qui dérive de l'imagination et de la sensibilité, tout ce qui fait la grandeur de Chateaubriand : la magnificence des descriptions et le sentiment profond des passions humaines, l'enthousiasme du beau et de l'idéal, échappait complètement à ce critique, aussi bien qu'à ceux qui avaient jugé précédemment *Atala, René,* le *Génie du christianisme.* Tout cela, c'est-à-dire tout un côté de l'âme, ils l'ignorent, ils ne le voient pas, ils n'en ont aucune idée. Quel nombre effrayant de prosélytes n'ont-ils pas laissés dans le monde !

Ce poème des *Martyrs* n'a pas obtenu le succès que son auteur en attendait. La partie mythologique, longue, froide et languissante, nuit beaucoup à l'intérêt général. L'ouvrage par lui-même et par ses épisodes est très poétique et très beau. « J'ai peur, dit Chateaubriand à la

« fin de la préface, que la Divinité qui
« m'inspire ne soit une de ces Muses in-
« connues sur l'Hélicon, qui n'ont point
« d'ailes et qui vont à pied. » Est-ce à
Delphine que s'adressait ce discret hommage ?

Nous venons de voir, vers la fin de 1808,
Madame de Custine montrer pour les
Martyrs le même zèle que Madame de
Beaumont, autrefois, pour le *Génie du christianisme;* nous allons retrouver, quelques
mois plus tard, son intervention non moins
affectueuse dans une circonstance bien
autrement douloureuse et tragique.

Armand de Chateaubriand, naufragé
sur les côtes de Normandie, avait été
arrêté le 9 janvier 1809. Quand Chateaubriand, son cousin, en fut informé, Armand était déjà depuis treize jours détenu
dans les prisons de Paris. Un conseil de
guerre fut réuni par les ordres de ce même
général Hulin qui avait présidé au juge-

ment du duc d'Enghien. Armand, accusé de conspiration royaliste, fut condamné à mort.

Dans l'intervalle, Chateaubriand, malgré sa répugnance, demanda une audience à Fouché ; Madame de Custine l'y accompagna : Fouché les joua une fois de plus ; il nia d'abord qu'Armand fût arrêté ; puis, ensuite, forcé d'en convenir, il s'excusa en prétextant qu'il n'était pas certain de son identité. Enfin, pour rassurer Chateaubriand, il lui annonça que son cousin était très ferme, « et qu'il saurait très bien « mourir ! » Mot cruel et tout à fait digne du proscripteur qui avait dirigé les égorgements de Lyon.

Chateaubriand écrivit à l'Empereur pour demander la grâce de son cousin, mais dans sa lettre, peut-être un peu trop fière, quelques mots déplurent à Napoléon : « Chateaubriand me demande justice, il « l'aura », dit-il en froissant la lettre, et Fouché pressa l'exécution.

Averti seulement à cinq heures du matin, Chateaubriand arriva quelques minutes trop tard au lieu du supplice, pour voir une dernière fois son malheureux parent ; il le trouva encore palpitant et défiguré par les balles.

Rentrant à Paris, c'est chez Madame de Custine qu'il alla d'abord ; il lui adressa ce billet : « J'arrive de la plaine de Gre« nelle. Tout est fini. Je vous verrai dans « un moment, » et le même jour il lui porta le mouchoir trempé de sang qu'il avait rapporté du lieu de l'exécution.

Après cette catastrophe, Chateaubriand se retira à la Vallée-aux-Loups. Il y passait à peu près tous les étés. L'année 1810 fut consacrée, comme les précédentes, à des occupations littéraires. Dans le courant de l'été, il fit avec Madame de Chateaubriand une visite au château de Méréville, habité par la famille de Laborde.

En 1811, qu'il qualifie dans ses Mémoires « l'une des années les plus remar« quables de sa vie », il publia l'*Itinéraire de Paris à Jérusalem,* qui obtint un succès bien plus éclatant que les *Martyrs* et sembla même avoir désarmé la critique. Cette même année, il fut appelé à occuper à l'Académie française le fauteuil que Marie-Joseph Chénier avait laissé vacant[1].

On sait quels orages survinrent à la suite de cette élection. Chateaubriand avait fait les visites d'usage à ses nouveaux collègues ; il prépara son discours de réception, mais ce discours qu'il communiqua à l'Académie, ne fut point admis et souleva de nouveau contre lui les colères de Napoléon.

En relisant à distance ce morceau littéraire, on se demande si, en embrassant son sujet d'un point de vue plus élevé, Chateaubriand n'aurait pas pu, tout en formulant avec la même fermeté ses griefs, éviter les dangers qu'il allait courir et qu'il avait dû prévoir. Mais peut-être tout ce bruit ne lui déplaisait pas. Il refusa de faire des corrections à l'œuvre censurée

1. Chénier était mort le 10 janvier 1811.

ou d'en composer une autre, et sa réception fut indéfiniment ajournée.

Pendant cette période, les relations avec Madame de Custine continuaient comme par le passé, peut-être même n'avaient-elles jamais été plus suivies. De ce discours de réception qui n'avait pu être prononcé, l'opposition s'était emparée ; il en circulait des copies ; Madame de Custine en avait une qu'elle envoya par son fils Astolphe à Madame de Stael à Coppet.

Madame de Custine prenait donc toujours aux affaires de Chateaubriand le même intérêt qu'auparavant, et cependant vers la même époque, elle s'était créé d'autres distractions : elle voyageait et faisait de nouvelles connaissances.

En 1811, pendant que Chateaubriand retiré à la Vallée-aux-Loups « suivait des « yeux sur son coteau de pins, la comète « qui courait à l'horizon des bois et qui, « belle et triste, trainait comme une reine

« son long voilé sur ses pas », Madame de Custine parcourt la Suisse et l'Italie ; elle passe le mois de juin à Naples et l'hiver suivant à Rome, où elle réunit autour d'elle une société choisie. Sans aucun doute, une pensée constante l'accompagnait dans la ville éternelle ; un Anglais, M. Fraser-Frisell, en correspondance avec Chateaubriand, lui donnait de son ami des nouvelles dont celui-ci n'était pas assez prodigue envers elle. A Rome, elle forme avec Canova une liaison assez intime pour que son fils osât lui dire : « Savez-vous
« qu'avec votre imagination romanesque,
« vous seriez capable de l'épouser ! —
« Ne m'en défie pas, répondit-elle sur le
« même ton, s'il n'était devenu marquis
« d'Ischia, j'en serais tentée. » Sans doute le sang aristocratique de Marguerite de Provence se révoltait en elle à l'idée d'une mésalliance avec un marquis d'aussi fraîche date.

Elle avait emmené de Paris pour veiller à la santé de son fils un jeune médecin allemand avec qui elle était liée depuis cinq ou six ans : le docteur Koreff, débutant alors dans une vie d'aventures, qui ne sont pas toutes à son éloge. Koreff, qui, en fin de compte, a laissé une mémoire discutée, pour ne rien ajouter de plus, était, au dire de personnes qui l'ont connu, très laid, très peu sympathique d'aspect, parlant le français avec un accent germanique très prononcé ; vif, intelligent d'ailleurs, railleur et sardonique ; il y avait en lui quelque chose d'équivoque et d'indéfinissable qui n'inspirait pas la confiance. Tel qu'il était cependant, il avait ses partisans, et Madame de Custine resta en correspondance avec lui pendant de longues années. Elle l'aimait beaucoup, et son amitié était marquée, comme toutes ses affections, par une ardeur extrême et une tendresse de sentiments qui, avec une sorte d'agitation nerveuse, et des accès de douloureuse mélancolie, formaient le trait caractéristique de sa nature intime. Le portrait qu'elle a tracé de cet ami est trop favorable à celui-ci pour que le reproduire ne soit pas un devoir. En même temps qu'il montre l'état de l'âme aimante, enthousiaste et souffrante de l'une, il peut, dans une certaine mesure, défendre l'autre contre la sévérité des jugements dont il a été l'objet.

Voici ce qu'écrivait, quelques années plus tard, en 1816, Madame de Custine à une de ses plus intimes et de ses meilleures amies d'Allemagne, Madame de Varnhagen : « Imaginez que je n'ai pas
« signe de vie de Koreff. Depuis nombre
« d'années, lorsque nous sommes sépa-
« rés, je lui écris deux fois par semaine,
« et lui autant, sans jamais y manquer !
« C'est un ami de dix ans au moins,
« éprouvé par le temps, par mille dou-
« leurs qu'il a senties, qu'il a partagées ;
« enfin, ce sont de ces sentiments qu'on
« a le droit de croire indestructibles !...
« Je lui ai écrit dix fois sans humeur,
« sans me décourager... rien ne m'a
« réussi... Ma vie est troublée par ce pro-

« fond chagrin. Je ne puis perdre si lé-
« gèrement un ami sur qui je croyais
« pouvoir compter, parce qu'il m'en a
« donné des preuves que je n'oublierai
« jamais... J'étudie, mais sans courage ;
« mon âme ne peut s'élever au-dessus
« de la douleur sous laquelle je suc-
« combe... Je souffre dans le fond de mon
« âme. »

Koreff répond enfin et se justifie ; Madame de Custine est consolée et pardonne tout : « Je n'avais jamais eu à me plaindre
« de son inexactitude ; voilà pourquoi
« j'étais si inquiète. Pendant des années
« de séparation, il n'a jamais passé huit
« jours sans m'écrire. Enfin voilà, grâce
« à vous, dit-elle, ce petit fil renoué. C'est
« bien peu de chose en apparence et c'est
« cependant beaucoup pour vivre. Vous
« le connaissez, et vous savez qu'il est de
« ces esprits qui comprennent tout, qui,
« par leur lumière, embellissent la vie,
« l'éclairent, la colorent et lui donnent
« une véritable valeur. Aussi, j'étais au

« fond d'un abîme obscur depuis que je
« n'avais plus signe de vie de lui. »

Madame de Custine était, comme on le voit, beaucoup plus détachée de Chateaubriand qu'on ne le suppose.

Chateaubriand demeura, comme d'habitude, tout l'été, à la Vallée-aux-Loups ; il revint le 23 octobre à Paris pour y passer l'hiver. Après avoir pris momentanément son gîte à l'hôtel de Lavalette, rue des Saints-Pères, il se fixa rue de Rivoli. « Nos soirées, dit Madame de Cha-
« teaubriand, étaient fort agréables :
« M. de Fontanes et M. de Humboldt
« étaient nos plus fidèles habitués. Nous
« voyions aussi beaucoup Pasquier et
« Molé. » C'est dans les mémoires mêmes de Madame de Chateaubriand qu'il faut lire le portrait de Fontanes, tracé avec beaucoup d'esprit et de verve comique[1].

1. *Madame de Chateaubriand*, par M. G. Pailhès.

Au mois d'octobre 1813, M. et Madame de Chateaubriand quittèrent Aulnay et revinrent à Paris. Ils prirent un appartement dans la même rue que l'année précédente, rue de Rivoli, en face de la première grille des Tuileries, c'est-à-dire près de la rue qui porte aujourd'hui le nom du 29 juillet, sur l'emplacement de cette ancienne et sinistre salle du manège où la Convention avait, en 1793, condamné Louis XVI, au lieu même où dix ans auparavant Chateaubriand avait entendu crier la mort du duc d'Enghien. « On ne voyait « alors dans cette rue que les arcades bâ- « ties par le gouvernement et quelques « maisons s'élevant çà et là avec leur den- « telure de pierres d'attente. » La rue de Rivoli n'était encore tracée que jusqu'à la hauteur du Pavillon de Marsan.

On était à la veille de la plus formidable catastrophe qui ait agité notre siècle et tous les esprits sentaient approcher la fin de l'Empire. Chateaubriand préparait alors son célèbre écrit : *Bonaparte et les*

Bourbons, qui parut au mois d'avril 1814. C'est aussi dans les Mémoires de Madame de Chateaubriand qu'il faut lire les détails de la composition et de la publication de ce livre, des imprudences du mari, des angoisses de la femme, qui crut un instant avoir perdu le manuscrit que Chateaubriand laissait traîner, et qu'elle avait pris sous sa garde.

Madame de Custine, effrayée par l'imminence des événements et la grandeur du danger, ne fut pas témoin de cette publication. Dès les premiers jours de janvier, elle avait quitté Paris et s'était réfugiée à Berne. Ce fut seulement à la fin du mois de mai que, rappelée par son fils, elle rentra en France, après la première Restauration. Son fils Astolphe lui représentait combien son retour était urgent et de quel crédit elle allait jouir dans le parti royaliste rappelé aux affaires. Pour Madame de Custine, la passion dominante c'était les intérêts de son fils, dont elle voulait sauvegarder l'avenir, et qui, comme nous le verrons plus tard, était alors l'objet de toutes ses préoccupations, de toutes ses anxiétés maternelles. Aux motifs de retour que lui donnait Astolphe, il s'en ajoutait un autre : Fouché, devenu duc d'Otrante sous l'Empire, était, depuis un mois déjà, revenu à Paris ; il allait sans doute jouer un rôle dans les événements ; elle pouvait retrouver en lui le protecteur d'autrefois.

Le duc d'Otrante, l'ancien ministre de la police impériale, disgracié en 1811, avait été envoyé comme gouverneur des provinces enlevées à l'Autriche, et presque relégué en Illyrie. Jusqu'en 1814, tant que dura l'Empire, il resta à l'étranger, dans une sorte d'exil, observant les événements et attendant l'occasion de reparaître sur la scène politique.

A peine l'abdication de l'Empereur à Fontainebleau, le 11 avril 1814, fut-elle connue, qu'il rentra précipitamment en

France et renoua des relations avec tout ce qu'il avait connu de personnes influentes dans tous les partis. Madame de Custine occupait alors dans le monde royaliste, parmi les familles de l'ancienne cour, une situation très élevée, où elle pouvait lui être utile. Aussi est-ce à elle qu'il s'adressa tout d'abord ; et en effet, elle le servit puissamment.

Le duc d'Otrante affichait alors les sentiments royalistes les plus prononcés. Il entama avec Madame de Custine une correspondance très active[1] dans laquelle on a cru voir un Fouché transformé, devenu vertueux et sentimental, ayant surtout, à ce qu'il prétend, l'horreur du sang, et résolu à ne vivre désormais que pour les affections domestiques. Ces lettres ont, en effet, une certaine apparence de bonhomie. Mais il ne faut pas accepter sans contrôle les sentiments qu'elles expriment.

1. V. *Madame de Custine*, par M. A. Bardoux.

Ce qui frappe d'abord en les lisant, c'est qu'elles ne sont pas écrites pour Madame de Custine seule ; elles sont évidemment destinées à être montrées, colportées. Ce sont autant de déclarations de principes dont Madame de Custine devra faire usage auprès de ses puissants amis.

Quel fond y a-t-il à faire sur les protestations de Fouché, que devient ce dévouement absolu au gouvernement des Bourbons et à la personne du roi, quand on voit, deux jours après le 20 mars, Fouché accepter de l'Empereur le ministère de la police ? On a expliqué cette brusque évolution par des engagements qu'il aurait pris envers le parti royaliste de n'user du pouvoir qui lui était rendu que pour renverser le gouvernement impérial. Qui donc trahissait-il, de Napoléon ou des Bourbons ? Car il trahissait nécessairement l'un ou l'autre parti, sinon tous les deux.

N'oublions pas que pendant qu'il prodiguait les assurances de dévouement à la

monarchie, et qu'il écrivait, par exemple, à Madame de Custine des phrases comme celles-ci : « Croyez que le gouvernement
« militaire qui va nous envahir (au retour
« de l'île d'Elbe) ne sera pas de longue
« durée. Qu'on s'occupe surtout à sauver
« la personne du roi... La perte du roi
« nous serait funeste... Le roi a l'affection
« des Français ; il a mérité leur estime par
« sa haute modération ; ceux qui l'aban-
« donnent aujourd'hui le regretteront
« bientôt ; sa vie est nécessaire pour le
« présent et l'avenir » ; n'oublions pas que pendant qu'il écrivait ces lignes, Fouché était l'âme de deux complots, recrutés l'un dans l'armée, l'autre parmi les anciens conventionnels et que le but commun des deux conjurations était d'enlever Louis XVIII par un coup de force, le 1er mai, à l'ouverture des Chambres.

Fouché menait de front, en ce moment, trois conspirations : contre Louis XVIII ; contre Napoléon ; contre la conspiration dont lui-même était le chef et qu'il était tout prêt à vendre.

Le retour de l'île d'Elbe dérangea tous les projets, et Fouché redevint ministre de l'Empire. Il n'était pas plus tôt installé dans ses fonctions, qu'il entama contre l'Empereur des négociations secrètes avec la cour de Vienne. Il offrit au prince de Metternich d'organiser la régence au nom du roi de Rome et de forcer l'Empereur à l'abdication. « L'Empire sans Empereur, » c'était déjà le programme de la double conspiration dont nous venons de parler. Napoléon soupçonna cette intrigue; il organisa contre son ministre de la police une contre-police; une lettre du prince de Metternich fut interceptée et la preuve de la trahison fut bientôt acquise. Napoléon démasqua Fouché, le menaça de le faire pendre, et finalement le laissa au ministère.

Cependant les événements marchaient avec une foudroyante rapidité: l'Empire succomba. Fouché atteignit l'apogée de sa fortune après Waterloo. Président du Gouvernement provisoire, il put se croire un moment l'arbitre des destinées de la France. Mais il se trompait: le rétablissement des Bourbons se fit sans lui, et, comme résultat final, contre lui. Napoléon l'avait prédit : « Fouché trompe tout le « monde ; il sera le dernier trompé et pris « dans ses propres filets. Il joue la Chambre ; les alliés le joueront, et vous « aurez de sa main Louis XVIII ramené « par eux. »

C'est ce qui arriva. Aussitôt que le rétablissement des Bourbons parut inévitable, Fouché qui n'avait cessé de les envelopper de ses trames, et qui était parvenu à se faire considérer par la Cour de Gand comme l'homme indispensable, se retourna absolument de leur côté. Louis XVIII, contraint par son entourage, fit de lui son ministre de la police. Le système ou l'utopie que Fouché voulait faire prévaloir et par lequel il prétendait assurer la stabilité du trône, c'était ce qu'il appelait l'alliance de la monarchie avec la révolution ; en d'autres termes, il voulait subordonner le gouvernement monarchique aux éléments révolutionnaires.

Que Madame de Custine fût la dupe de Fouché, cela n'est pas douteux. Mais ce qui est certain, c'est qu'elle lui était toute dévouée et qu'elle partageait ses idées, ou du moins ce qu'il lui en avait fait connaître. Ils avaient ensemble une correspondance très active, et Fouché la voyait tous les jours.

On comprend que, dans ces circonstances, les relations de Madame de Custine avec Chateaubriand qui avait pour Fouché une profonde aversion, soient devenues moins fréquentes. Elles n'étaient pas interrompues cependant, et Madame de Custine se prêta même à un rapprochement sollicité par Fouché. Un jour Louis XVIII avait demandé à Chateaubriand ce qu'il pensait du retour de Fouché aux affaires : « Sire, la chose est faite, je demande

« la permission de me taire. — Non, non,
« dites. — Je ne fais qu'obéir aux ordres
« de Votre Majesté : je crois la monarchie
« finie. — Eh bien, Monsieur de Chateau-
« briand, je suis de votre avis. » Cette
boutade eut du succès. Fouché en fut
informé ; il pria Madame de Custine de
lui ménager une entrevue avec son ami :
« Ne pourriez-vous pas, lui écrivit-il, nous
« donner un petit dîner sans cérémonie
« et sans importance ? » Le dîner eut lieu,
mais il fut sans résultat. Il prouve cependant que Madame de Custine restait dans
les mêmes termes que précédemment avec
Chateaubriand dont l'attachement très
sincère lui restait toujours fidèle.

La suite de la correspondance de Fouché
avec Madame de Custine[1] nous le montre
assailli par des attaques de plus en plus
violentes, luttant en désespéré pour le
pouvoir qui lui échappe, et jouant avec
audace le rôle d'un innocent persécuté :

1. Publiée par M. A. Bardoux : *Madame de Custine.*

« Je fermerai, écrit-il, la bouche à mes
« amis et à mes ennemis. Qu'on me laisse
« le temps d'établir une doctrine monar-
« chique ; qu'on ne demande pas de moi
« des violences qui ne sont pas dans mon
« caractère ! » — « Il y a un an, on ne
« parlait que du passé ; on était impi-
« toyable pour *les petites fautes* de la
« Révolution... Les passions nous jettent
« sans cesse dans le passé ; je ne me
« laisserai pas distraire par leurs bruits. »
Ces bruits étaient en effet d'une extrême
violence : on le traitait de « monstre
« souillé de tous les crimes ».

Quelques jours plus tard, il adresse à
Madame de Custine ce billet : « Comme
« je sais que beaucoup de gens que vous
« voyez, portent un tendre intérêt à Labé-
« doyère, dites-leur qu'il est arrêté. »
Mot cruel, sous un air d'ironie et d'indifférence, qui en rappelle un autre plus
atroce encore de ce même proconsul de la
Terreur : « Nous célébrerons la victoire de
« Toulon ; nous enverrons ce soir deux

11.

« cent cinquante rebelles sous le fer de
« la foudre. » Le fer de la foudre !

Enfin Fouché tomba du pouvoir le 21 septembre 1815, après un ministère de trois mois. Atteint par la loi d'exil portée contre les régicides qui avaient accepté des fonctions dans les cent jours, il séjourna d'abord à Dresde pendant neuf mois, puis à Prague, et finit par se réfugier à Trieste, après avoir vainement sollicité un asile en Angleterre.

Ses dernières lettres à Madame de Custine, après sa disgrâce, sont encore curieuses à parcourir. Tant qu'il espère continuer la lutte et ramener à lui la fortune, il lui adresse d'habiles plaidoyers :
« Quelle faute a-t-il donc commise depuis
« que Louis XVIII lui a pardonné, depuis
« surtout que, rappelé aux affaires, il a
« rendu à la monarchie tant de signalés
« services ? Pourquoi une ordonnance
« d'exil, quand il a sauvé la France et
« replacé le roi sur le trône ? » — « Mais
« il n'a pas de petites passions ; il ne con-

« serve aucun ressentiment ; il n'oppo-
« sera que la résignation et la modération
« à ses ennemis, et il accepte d'eux le repos
« auquel ils le condamnent. » — « Heu-
« reusement, ajoute-t-il, rien ne dure
« sous le ciel ; tout s'épuise. Les méchants
« eux-mêmes se lassent de faire le mal. »

Le 8 octobre 1816, il écrit une dernière fois à celle dont il loue la constante amitié et « dont le cœur reste toujours le
« même lorsque tout change autour
« d'elle. » — « Je suppose, dit-il, que vous
« êtes actuellement à Fervaques ; je
« voudrais y passer quelques jours avec
« votre ami (Chateaubriand), vous lire
« mes mémoires[1] ; vous y verrez que *je
« n'ai souffert que du bien que j'ai fait.* »

Voilà le testament politique du duc d'Otrante !

On a tenté, timidement il est vrai, en faveur de Fouché, une réhabilitation partielle. On abandonne aux sévérités de

---

1. Ces mémoires n'ont jamais paru.

l'histoire l'homme public et surtout le proconsul de la Terreur, mais on défend le caractère de l'homme privé. Charles Nodier, qui l'a connu en Illyrie, nous le montre « vivant avec la bonhomie d'un
« simple bourgeois, affable, accueillant,
« exerçant le pouvoir avec douceur et
« modération, quoiqu'il y conservât les
« habitudes de dissimulation de toute sa
« vie; portant le costume le plus simple,
« redingote grise, chapeau rond, bottes
« ou gros souliers; se promenant à pied
« au milieu de ses enfants, la main ordi-
« nairement liée à la main de sa jolie
« petite fille; saluant qui le saluait, sans
« prévenance affectée, comme sans mor-
« gue et sans étiquette, s'asseyant bon-
« nement où il était fatigué, sur le banc
« d'une promenade ou sur le seuil d'un
« édifice. Il était enclin à rendre service
« et l'on trouvait en lui un mélange des
« sympathies les plus officieuses de la
« bonté. »

Ce jugement de Charles Nodier est

conforme aux souvenirs conservés par la famille du célèbre conventionnel. Y avait-il donc en lui deux hommes différents, dont l'un restait accessible aux sentiments du cœur, aux affections tendres, peut-être même à l'amitié, dont l'autre, au contraire, s'était fait un système de scepticisme et d'égoïsme sans scrupule et sans remords, traînant après lui la perfidie et la trahison, ne reculant devant aucun moyen, même la violence et le sang, pour s'assurer la richesse et le pouvoir? Très habile d'ailleurs, plein de ressources et d'audace, doué parfois d'un grand bon sens.

L'homme n'est jamais composé d'une seule pièce, et quelque dépravé qu'il soit, en quelque dégradation du sens moral qu'il ait pu tomber, on trouve encore, dans un secret repli, quelque reste de sentiments humains, qui n'ont pas péri. On voudrait y trouver aussi le remords! La même anomalie qui nous est signalée dans Fouché, semble avoir existé de même chez quelques-uns de ses contemporains les plus sanguinaires. Mais jusqu'à quel point cette excuse, cette atténuation tirée des sentiments de l'homme privé justifie-t-elle les crimes de l'homme public? N'aggrave-t-elle pas au contraire la condamnation qui doit le frapper? Plus il aura été doué naturellement de sentiments humains, plus il sera coupable d'avoir étouffé le cri de sa conscience et transformé volontairement en une cruauté froide sa douceur innée.

La défense proposée par Nodier n'est donc rien moins que concluante. Nous la donnons cependant telle qu'elle est, avec sa conclusion : « Qui oserait penser, dit-il
« en rappelant un service qu'il avait reçu
« de Fouché, qu'un tel procédé pût partir
« d'un méchant homme? Je conviendrai
« de beaucoup de choses avant de conve-
« nir que Fouché a été bien jugé par ses
« contemporains. L'histoire et Dieu le
« jugeront. » — C'est ainsi qu'on ébranle l'autorité de l'histoire, par des faits de la

vie privée qui ne prouvent rien pour la vie publique, et qu'on prépare un démenti aux faits les plus certains, au témoignage direct des générations qui ont souffert, à la voix même des victimes.

Fouché est mort dans l'exil, à Trieste, le 25 décembre 1820. Ses restes ont reposé dans le cimetière de cette ville, pendant plus d'un demi-siècle, à l'ombre de l'antique cathédrale byzantine de San-Giusto. Dans cet asile de paix et de miséricorde, une simple dalle couvrait sa tombe. Depuis, il a été exhumé et ramené en France par les soins pieux de sa famille ; il a été inhumé, le 22 juin 1875 dans le cimetière de Ferrières, près des lieux où s'élevait le vieux château, aujourd'hui détruit, qu'il habita jadis aux jours de sa prospérité et des splendeurs éphémères de sa fortune.

CHAPITRE V.

Ambassade de Berlin. Koreff. — Voyage à Fervaques. — Ambassade de Londres. — Voyage d'Astolphe en Angleterre. — Chateaubriand ministre des affaires étrangères. — Démarches pour la Pairie. — Lettre à Madame de Genlis. — L'Infirmerie Marie-Thérèse. La belle Polonaise.

Chateaubriand, nommé ambassadeur en Prusse, partit le 1er janvier 1821 pour Berlin. Il ne fit qu'un séjour de courte durée dans cette résidence, revint à Paris, avec un congé pour le baptême du duc de Bordeaux, et le 30 juillet, M. de Villèle, alors son ami, ayant quitté le ministère, il le suivit dans sa retraite et donna sa démission.

Les Mémoires d'outre-tombe n'ont pas de pages plus intéressantes et d'un sentiment plus élevé que celles où Chateaubriand rend compte de sa vie dans la capitale de la Prusse, de l'accueil qu'il y reçut, des amitiés qu'il y forma. Parmi les portraits qu'il a tracés, il suffit de citer les noms de la duchesse de Cumberland, qui fut plus tard reine de Hollande, et qui voulut lui confier l'éducation de son fils, de Guillaume de Humboldt, « frère de son « illustre ami le baron Alexandre », d'Ancillon, d'Adalberg de Chamisso. Nous ne pouvons nous y arrêter, mais nous devons reproduire les lignes suivantes consacrées à deux hommes que nous connaissons déjà par leurs relations avec Madame de Custine, le prince de Hardenberg et le docteur Koreff qui lui avait fait perdre la tête :

« M. Hardenberg, beau vieillard, blanc
« comme un cygne, sourd comme un pot,
« allant à Rome sans permission, s'amu-
« sant de trop de choses, croyant à toutes
« sortes de rêveries, livré en dernier lieu
« au magnétisme entre les mains du doc-
« teur Koreff que je rencontrais à cheval,
« trottant dans les lieux écartés, entre le
« diable, la médecine et les muses. »

Dans sa correspondance officielle avec le ministre des affaires étrangères, M. Pasquier, Chateaubriand se vante de ne point faire, comme ses prédécesseurs, de petits portraits et d'inutiles satires : « Il a tâché, « dit-il, de faire sortir la diplomatie du « commérage. » Ces portraits et ces satires où il excellait, il les a réservés pour ses Mémoires ! Il semble par ce qui précède, qu'il n'avait pour Koreff, l'ami de Madame de Custine, qu'une médiocre sympathie.

Rendu par sa démission à la vie privée, Chateaubriand retrouva-t-il à Paris son amie de Fervaques? Nous n'avons rien de précis sur ce point; nous savons seulement que Madame de Custine a passé cet été de 1821 en Normandie et que Chateaubriand devait aller l'y voir.

La lettre suivante adressée à Fervaques démontre par ses termes mêmes que la correspondance n'avait pas été interrompue entre Chateaubriand et son amie ; elle suppose, au contraire, l'échange de lettres antérieures qui n'ont pas été retrouvées.

Le ton est le même, les formules d'affectueuse amitié sont les mêmes, et les voyages de Fervaques continuent comme par le passé ; tout porte à croire que les relations sont restées très tendres.

Encore une espérance trompée ! Je vous avais dit que j'irais vous voir après le 15 octobre ; l'ouverture prochaine des chambres et du procès de *Maziau* vient tout déranger. Cependant, comme je m'accroche à tout dans la vie pour ne pas faire un complet naufrage, il serait possible que je fusse libre à Noël ; mais n'aurez-vous pas quitté les champs ? Vous êtes bien heureuse d'y vivre !

Mille tendresses aux amis, et même au vieux château. J'aime ses murs, ses eaux et son antique chambre de Henri IV (quoiqu'on m'ait un peu gâté le bon roi à force de m'en parler dans les derniers temps). A vous cet attachement qui vous poursuit partout et dont je vous accable depuis je ne dirai pas combien d'années.

Paris, 20 octobre 1821.

Le procès dont il est ici question est celui d'Antoine Maziau, impliqué dans la conspiration militaire du 19· août 1821. Maziau, arrêté après le procès des principaux accusés, fut jugé séparément. Traduit devant la Cour des Pairs, le 19 novembre « pour proposition, non agréée, « de complot », il fut condamné, le 24, à cinq ans d'emprisonnement.

Les Chambres avaient été convoquées par ordonnance royale du 6 octobre, pour le 5 novembre.

Ce voyage de Fervaques qui n'avait pu se faire vers le 15 octobre à cause de l'ouverture des Chambres et du procès Maziau, se fit un mois plus tard dans le courant du mois de novembre. Nous n'avons d'autre détail sur les quatre jours passés auprès de Madame de Custine que la lettre suivante écrite par Chateaubriand à son retour :

J'ai laissé la paix et le bonheur à Fervaques. J'ai trouvé ici tous les ennuis et les tracasseries de la terre, maladie, politique, tourments, etc. Je suis bien à plaindre et les quatre jours de votre solitude m'ont rendu les misères accoutumées plus insupportables. Si vous me regrettez, moi je vous regrette à jamais. Je reçois votre lettre. Mille choses à tout le monde de ce bon château. Je suis bien touché, bien reconnaissant de leurs sentiments pour moi, et je leur rends tous leurs éloges. Vous voyez que je suis bien découragé. A vous, toujours à vous. Il n'y a que le courrier de Lisieux que je conserverai dans mon royaume. Pensez à moi. Si Madame de Cauvigny est arrivée, dites-lui qu'elle a bien mal pris son temps et le mien.

Mardi, 27 novembre 1821.

Chateaubriand, nommé le 22 janvier 1822, ambassadeur à Londres en remplacement du duc Decazes, partit de Paris pour se rendre à son poste le 2 avril suivant. Madame de Custine avait été tenue au courant de toutes les négociations relatives à cette nomination. Chateaubriand lui annonça son départ par le billet suivant, affectueux et familier :

Enfin c'est fini. On est très bien pour votre monsieur. Nous nous reverrons à Fervaques.

Mille choses aux amis.

Il arriva le 4 au soir à Douvres où il fut reçu avec les honneurs ordinaires de seize coups de canon à l'entrée et à la sortie de la ville, et de quatre factionnaires à la porte de l'hôtel où il était logé ; et de là, « magnifique ambassadeur », comme il dit, il se rendit à Londres. Il était évidemment très sensible à tous ces honneurs qu'il raconte sans en rien omettre. Madame de Chateaubriand, qui craignait pour sa santé le climat de l'Angleterre, ne l'accompagnait pas.

Deux mois plus tard, vers la fin de juin, une double lettre de Madame de Custine et de son fils annonçait à Chateaubriand le voyage qu'Astolphe se proposait de faire en Angleterre et en Écosse. Il s'agissait, non pas, comme on l'a dit, d'une simple excursion de quelques jours pour que le fils rapportât à sa mère, que l'on suppose sans doute avec raison encore jalouse, des nouvelles de l'ambassadeur qui tardait trop à lui écrire, mais d'un voyage de plus de deux mois, du 20 juillet au 30 septembre, qu'Astolphe allait entreprendre.

Dès le 2 juillet, Chateaubriand répond à la lettre de Madame de Custine :

Londres, ce 2 juillet 1822.

Cette lettre répondra à la fois à Astolphe et à vous. Je me réjouis fort de l'arrivée du nouveau-venu. J'espère qu'il sera plus sage que moi et surtout plus heureux. Je serai charmé de voir Astolphe ; j'aurais grand désir de l'accompagner en Écosse, mais les affaires me retiendront vraisemblablement à Londres. Il faut qu'Astolphe, en arrivant, descende chez Grillon, Albemarle Street, ou chez Brunet, Leicester Square, d'où il viendra chez moi ; on lui trouvera un logement dans mon voisinage, et il déjeunera et dînera à l'Ambassade. S'il restait à l'auberge, il se ruinerait. Que vous êtes heureux de vous réunir dans le grand château au mois d'octobre ! Que ne donnerais-je pas pour m'y trouver avec vous ! Je suis comblé dans ce pays, mais j'aime mieux Fervaques.

A vous depuis longtemps et pour jamais. Mille choses à tous, sans oublier le petit Magot.

J'ai fait de mon mieux pour Julien et son compagnon de voyage.

Nouvelles lettres de Madame de Custine et d'Astolphe ; nouvelle réponse de Chateaubriand.

Astolphe, partit vers le 20 juillet, laissant aux soins de sa mère à Fervaques, la jeune marquise de Custine sa femme, et son fils Enguerrand, âgé de six semaines.

Il avait lui-même à cette époque 29 ou 30 ans. Il arriva le 22 à Boulogne où il passa quelques jours, et s'embarqua à Calais sur un bateau à vapeur. Après six heures d'agonie, par un gros temps, il arriva à Douvres. Pendant cette rude traversée, il eut des convulsions si affreuses qu'il perdit connaissance et que, s'il faut l'en croire, « il a été mort un instant ». Il lui manquait cette qualité du voyageur que Chateaubriand, breton et malouin, possédait au suprême degré : il n'avait pas le pied marin.

Débarqué à Douvres, il prévint de son arrivée Chateaubriand, qui le même jour adressa à Madame de Custine la lettre suivante :

Londres, vendredi 26 juillet 1822.

Je reçois à l'instant un mot d'Astolphe, daté de Douvres. Il s'annonce pour ce soir ou demain. Je lui ai fait arrêter un logement auprès de moi. Soyez tranquille pour sa personne. Je vous en réponds corps pour corps, ainsi qu'à sa femme et M.***.

J'ai reçu vos lettres; dans pas une d'elles, vous ne me nommez la personne dont vous me recommandez l'affaire; il m'est impossible de reconnaître maintenant cette affaire dans les cartons où elle est mêlée avec les autres. Ne serait-ce point M. Lafont-de-La-Débat, dont, vous m'auriez parlé? Ah! le maudit homme. Je n'entends parler que de lui, et il me fait écrire par tous les saints. Si c'est lui, dites à ses amis que je fais tout ce qu'il m'est possible de faire.

Astolphe ou moi vous écrirons. S'il va en Écosse, il aura nombreuse compagnie, car le roi y va. Il y trouvera aussi Madame Alfred de Noailles, et M. de Saluces. Ainsi votre grand fils ne sera pas perdu!

A vous pour toujours.

Mille choses à l'ami et à Madame Ast. (Astolphe de Custine).

Astolphe partait pour ses voyages avec de mauvaises dispositions, le désenchantement et l'ennui : source d'inspiration peu féconde ! Il le reconnaissait lui-même : « Plus je vois le monde, écrit-il, « plus je reconnais qu'il n'y a rien de neuf « sur la terre pour un cœur vide. — Je me « sens vieilli pour les voyages, et cette dé- « couverte m'attriste. — J'ai perdu la fraî- « cheur de l'imagination avec la fleur de « la jeunesse ; ah ! oui, je suis bien vieux « aujourd'hui. » Né le 22 mars 1790, il avait trente-deux ans !

Avant d'arriver à Londres, il est déjà fatigué : l'âpreté du vent, la triste couleur du ciel, la pluie presque journalière, le découragent. Pour surcroît de malheur, pas une âme qui veuille entendre son anglais ! Il se demande pourquoi il est venu chercher ces embarras ! Londres, dit-il, est le temple de l'ennui, les Anglais, toujours en mouvement, ne remuent que dans la crainte de se *figer*, car, au fond, ils ne s'intéressent à rien de ce qu'ils ont l'air d'aimer. « Dans ce pays, ce qui n'est « pas continuellement agité, moisit. »

Mais peut-être quand les relations de famille et la bienveillance de son ambassadeur l'auront introduit dans les salons, portera-t-il des jugements plus sérieux sur le monde anglais? Nullement : un salon anglais lui paraît « ennuyeux comme « tout autre, mais un peu plus gothique : « des figures froides, des manières raides, « qui lui rappellent les personnages de « Richardson. » Les personnages de Richardson, c'est déjà quelque chose !

Assiste-t-il à un déjeuner donné par le duc de Wellington au duc d'York? Le théâtre de la fête est une espèce de jardin anglais qui domine le fameux arsenal de Woolwich. « C'est, dit-il, une guin-« guette des environs de Paris, où l'on « aurait entassé pêle-mêle des bombes, « des pontons et des affûts de canon. »

Rien à Londres ne l'intéresse, si ce n'est la brasserie Barclay-Perkins, qui le frappe non d'amiration, mais d'étonnement. Il parcourt la cité « et il ne conçoit « pas qu'il reste l'envie ou la force de

« s'amuser à un homme qui passe sa vie
« dans les ténèbres : l'air que l'on y
« respire est l'élément de l'ennui. » A
l'ouverture du Parlement, il ne voit
qu'une mascarade qui excite tantôt son
rire, tantôt son impatience. En résumé,
notre voyageur n'a trouvé en Angleterre
que « des hommes pleins de petitesses, de
« préjugés et de ridicules, et des femmes
« de mauvaise humeur. »

Pour être juste, il ne faudrait cependant
pas faire peser toute la responsabilité
de ces appréciations singulières exclusi-
vement sur leur auteur. Nous ne devons pas
oublier que nous avons affaire ici à l'un
de ces fils de René, qui, atteints de la
maladie du siècle, désenchantés de tous
les spectacles, fatigués dès l'enfance du
poids de la vie, se croient voués par une
fatalité inexorable au malheur et au désespoir. Pour eux l'enthousiame est sans but
et sans objet, et surtout il est ridicule.
Rien ne peut secouer leur apathique indifférence, ni les faire sortir de leur dédain.

Ainsi le voulait la mode et cette sorte de langueur morale, véritable anémie qui a suivi la fiévreuse période d'énergie, de mouvement et d'action de la Révolution et de l'Empire.

Il faut tenir compte aussi des préjugés et de la vanité nationale, qui sont de tous les temps et de tous les pays, et dont Astolphe, pas plus qu'un autre, n'était exempt. Il se sentait dépaysé loin des salons de Paris, loin des mœurs et des élégances de la France ; il ne comprenait rien à d'autres usages, à des modes différentes, et c'est très sérieusement qu'il se demandait s'il est possible de vivre dans un pays qui ne reconnaît pas nos lois de la mode et du bon ton. Il n'y a rien, en tout cela, d'extraordinaire ; tous les jours nous avons des exemples de ce genre d'exclusivisme et de cette exagération d'amour-propre national. Mais ce qui peut paraître plus étonnant c'est que Chateaubriand lui-même n'était pas très éloigné de partager sur ce point les idées de son protégé, lui qui écrivit quelques années plus tard : « La France est le cœur de « l'Europe ; à mesure qu'on s'en éloigne, « la vie sociale diminue ; on pourrait juger « de la distance où l'on est de Paris par « le plus ou le moins de langueur du pays « où l'on se retire. En Espagne, en Italie, « la diminution du mouvement et la pro- « gression de la mort sont moins sen- « sibles : dans la première contrée, un « autre monde, des arabes chrétiens vous « occupent ; dans la seconde, le charme « du climat et des arts, l'enchantement des « amours et des ruines, ne laissent pas le « temps de vous opprimer. Mais, en An- « gleterre, malgré la perfection de sa so- « ciété physique, en Allemagne, malgré « la moralité des habitants, on se sent « expirer. » — C'est exactement, abstraction faite de la supériorité du style, ce que Custine avait dit.

Hâtons-nous d'arriver en Ecosse, cette terre poétique où la nature « dans sa majes- « tueuse indépendance » offrira, Astolphe

l'espère du moins, de grands spectacles.
En Écosse, dit-il, tout l'attire, tout l'intéresse, tandis qu'en Angleterre tout le repousse. Il éprouve donc cette fois un mouvement d'exaltation, presque d'enthousiasme. Le 18 août, il arrive à Édimbourg au milieu d'une grande fête nationale : George IV l'y avait précédé avec toute sa cour. C'était la première visite depuis les Stuarts que l'Écosse recevait de son roi. Aussi l'affluence était immense ; tous les clans des Highlands semblaient s'être donné rendez-vous dans l'Athènes du Nord. Au milieu de la joie populaire, l'aristocratie écossaise ouvrait partout ses châteaux avec une somptueuse hospitalité. Occasion unique peut-être pour un étranger d'avoir une vue d'ensemble de la population et des mœurs d'un grand pays !

Mais déjà pour Astolphe arrivé de la veille, le désenchantement a commencé. Cette foule le fatigue, et il ne se plaît que dans la solitude. Ces fêtes « ridicules et « souvent burlesques » l'importunent. Il s'est aperçu bien vite que l'habillement national, dont les Écossais sont si fiers, est « plus barbare que romain, » et que « leurs petits tabliers et leurs genoux dé- « couverts les feraient prendre pour des « sauvages retenus prisonniers en Eu- « rope. » Décidément, Astolphe n'a pas gagné beaucoup à quitter l'Angleterre pour l'Écosse, Londres pour Édimbourg.

Pendant qu'il passe son temps dans ces dispositions atrabilaires, Chateaubriand qui a reçu de ses nouvelles, s'empresse de les transmettre à Madame de Custine :

Comme il est possible qu'Astolphe, au milieu de tous ses plaisirs d'Écosse, ne sache comment vous écrire, je veux vous tirer d'inquiétude. Il est arrivé en bonne santé à Édimbourg ; il va s'enfoncer dans les montagnes, d'où il reviendra par Glasgow à Londres. Dormez en paix ; il ne peut lui arriver le plus petit mal.

J'ai reçu vos lettres. Je vous verrai à Fervaques cet automne ; je reviens de partout, vous le savez, et on ne peut se soustraire à mon éternel attachement.

Mille tendresses.

Compliments à l'ami.

Londres 23 août 1822.

Remarquons ici, comme dans les lettres qui vont suivre et dans celles qui ont précédé, la sollicitude de Chateaubriand pour notre voyageur et presque la tendresse qu'il lui témoigne. C'est à sa mère bien plus, sans doute, qu'à lui-même, qu'Astolphe en était redevable ; et cependant, ces sentiments, qui ont quelque chose de paternel, ont persisté jusqu'à la fin, et résisté à de bien rudes épreuves.

Astolphe quitte Édimbourg après une semaine et part pour Glasgow. Il manque, par négligence, malgré les rendez-vous qu'il avait donnés, une excursion aux îles de Mull, d'Iona et de Staffa, et il entreprend son voyage des Highlands.

Nouvelle lettre de Chateaubriand à Madame de Custine :

Toutes vos lettres et celles de votre belle-fille m'arrivent pour Astolphe ; je les adresse à Glasgow où il a recommandé de les envoyer. Mais comme il est dans les montagnes, n'espérez pas avoir des nouvelles immédiatement. Je vous en avertis pour empêcher votre imagination de trotter. Je sais indirectement des nouvelles de votre grand fils par les personnes qui arrivent d'Édimbourg ; il se porte à merveille : soyez en paix. Bonjour et à vous pour la vie.

Londres, le 30 août 1822.

En quittant les environs de Glasgow, Astolphe nous décrit ainsi le pays qu'il vient de parcourir :

« Les côtes occidentales de l'Écosse
« sont un admirable théâtre de naufrages.
« Des montagnes sombres et déchirées
« qui forment une multitude de baies

« sombres et profondes, un ciel sombre
« comme la nature qu'il éclaire, une suite
« d'écueils qui s'étendent à perte de vue,
« avec quelques échappées sur la haute
« mer, d'où l'on sent souffler le vent tout-
« puissant qui laboure l'océan Altantique :
« telle est dans ces contrées affreuses la
« scène offerte aux regards et aux médi-
« tations du voyageur. La nature n'y a
« plus qu'une couleur : le noir, dont les
« nuances plus ou moins foncées servent
« à rendre distinctes les diverses formes
« des objets ; l'eau est noire, les mon-
« tagnes sont noires, le ciel est noir,
« et dans ce paysage *d'encre*, tout se dé-
« tache en noir, car les voiles teintes
« qu'on aperçoit sur l'horizon se déta-
« chent elles-mêmes en noir sur un fond
« grisâtre. »

Cependant Astolphe se rappelle de temps à autre qu'il est dans la patrie d'Ossian, et alors il cherche à ressaisir quelque inspiration : « Quand les ténèbres du
« soir se répandent sur ces paysages dé-

« solés, le cœur de l'homme s'ouvre à la
« tristesse, et la poésie la plus mélanco-
« lique devient l'expression naturelle de
« ses sentiments intimes. Le deuil de la
« nature semble appeler du fond de son
« âme les pensées douloureuses ; il s'éta-
« blit entre lui et le désert une vague
« harmonie qui peut inspirer le poète,
« mais qui décourage l'homme vulgaire. »

Après avoir traversé en diagonale les Highlands, notre voyageur pénètre jusqu'à Inverness, la ville la plus septentrionale de l'Écosse ; « Cherchez sur la carte, dit-
« il ; j'espère que vous aurez froid en la
« voyant », et il termine par cette sen-
tence mélancolique : « Les voyages sont
« un plaisir que la réflexion détruit et
« que l'habitude émousse. Je m'attriste
« dès que je cesse de m'étourdir, et je
« sens que la variété à laquelle j'aspirais
« en parcourant le monde, est encore
« moins difficile à trouver chez soi que
« l'amitié chez les étrangers. »

En revenant à Londres, Astolphe n'y

trouva plus Chateaubriand, qui, appelé à représenter la France au Congrès de Vérone, était rentré à Paris pour y passer quelque temps avant de se rendre à son poste. Astolphe reprit le chemin de Brighton, et le 30 septembre il rentrait en France; son absence avait duré deux mois, sans grand profit pour lui-même et pour les lecteurs de ses voyages.

Après le Congrès de Vérone, Chateaubriand, de retour à Paris, reprit ses relations assidues avec Madame de Custine, qui, comptant avec raison sur le dévouement de son ami et sur le crédit qu'elle-même possédait à la Cour, avait entrepris de faire de son fils un Pair de France, ou tout au moins, s'il n'était pas possible d'atteindre immédiatement à ce rang élevé, de lui créer des titres par de hautes fonctions diplomatiques. Chateaubriand approuva ces projets et peut-être en fut-il l'inspirateur.

Quand il arriva au ministère avec M. de Villèle, au mois de décembre 1822, la confiance de Madame de Custine dans le succès de ses espérances s'en accrut encore, et bientôt, renonçant pour Astolphe à cette sorte de stage dans la diplomatie, qui, une première fois, lui avait assez mal réussi, elle sollicita directement la Pairie avec l'ardeur fiévreuse et l'obstination qu'elle mettait à toutes choses. Elle espérait qu'une vie occupée, une haute situation politique, la pratique des grandes affaires exerceraient une influence heureuse sur ce caractère difficile et mal réglé d'Astolphe, qui lui causait tant d'inquiétudes pour l'avenir.

Madame de Custine ne sollicitait pas seulement pour son fils ; ses recommandations s'étendaient à beaucoup de ses amis, et Chateaubriand les recevait ordinairement avec toute sa bonne humeur. Mais ce qu'elle ne perdait jamais de vue, c'étaient les intérêts qu'elle avait à cœur. Voici une lettre qui en fait foi :

Je ferai ce que je pourrai pour votre Sous-

Préfet. Mais je n'y aurai pas grand mérite, car on n'en est pas du tout aux distinctions, et les royalistes si méchants ne mangeront personne. Ce qui me tient plus au cœur, c'est Astolphe. S'il y a des Pairs, il en sera ; mais y aura-t-il des Pairs ? J'en doute ; dans tous les cas, un peu plus tôt, un peu plus tard, la Pairie ne peut lui échapper. Je crois que vous me retrouverez encore ici ; on a besoin de moi pour achever la session. Ainsi, je ne vous dis pas adieu. Je n'ai pas été poussé dans la route que je devais suivre pour être heureux ; mais il est trop tard, et il faut que j'achève la route par ce faux chemin.

Mille tendresses à vous ; mille souvenirs à tous les amis.

Dimanche, 27 janvier 1823.

Cette lettre était renfermée dans une enveloppe qui devait porter l'adresse, et qui n'a pas été conservée. Madame de Custine était alors à Fervaques, c'est du moins ce que semble indiquer cette

phrase : « Il est probable que vous me re-
« trouverez ici », c'est-à-dire à Paris, où
elle devait revenir bientôt.

Elle était sans doute de retour peu de
temps après, et déjà son amitié jalouse,
(était-ce seulement de l'amitié ?) avait éclaté
en plaintes, quand elle reçut de Chateaubriand la lettre suivante :

Oui, je suis allé voir un soir votre voisine
que je n'avais pas vue depuis un an et qui
grognait. Depuis ce temps, j'ai été enfermé,
travaillant jour et nuit. Avant lundi, jour de
mon discours à la Chambre, je ne serai pas
libre. Après, je serai tout à vous.

Mille choses aux amis.

Jeudi [20 février].

Madame la marquise de Custine.

Le discours que Chateaubriand préparait alors et que, comme nous le verrons,
il prononça le 25 février devant la Chambre des Députés, en sa qualité de ministre
des affaires étrangères, était relatif à l'em-

prunt de cent millions, pour subvenir aux dépenses de la guerre d'Espagne.

Si Chateaubriand et Madame de Custine ne se voyaient pas tous les jours, leur correspondance, du moins, était presque quotidienne. Dès le lendemain, nouvelle lettre à Madame de Custine qui, sans doute, venait de faire part à son ami de quelque bruit de salon sur sa situation précaire au ministère, sur la divergence de vues de ses collègues, sur leur oppotion plus ou moins avouée. Cette hostilité qu'on lui signale, Chateaubriand n'en convient pas :

Quel tas de bêtises ! Villèle et moi sommes très bien ensemble et il n'y a nulle querelle. Je n'ai pu lire mon discours puisque je n'en ai pas encore une ligne d'écrite et qu'il y a huit jours que je n'ai pas vu Madame de Duras. Moquez-vous de tout cela comme je m'en moque et vivez en paix.

21 [février].

Madame la marquise de Custine.

Le mardi 25 février, Chateaubriand prononça enfin son discours qui eut en France et dans toute l'Europe un immense retentissement. La première personne qu'il en informa fut Madame de Custine : « Le dis-
« cours est au *Journal des Débats*. Me voilà un peu plus libre, j'irai vous voir[1]. »

Notons en passant que c'est dans le cours de cette discussion de l'emprunt de la guerre d'Espagne, que Manuel fut expulsé de la Chambre des Députés pour avoir fait l'apologie du régicide.

Pendant que Chateaubriand échangeait avec Madame de Custine la correspondance qu'on vient de lire, il n'oubliait pas les relations qu'il avait conservées dans le monde littéraire. Nous trouvons à la date où nous sommes arrivés, une lettre, jusqu'à ce jour inédite, que l'auteur d'*Atala* adressait à Madame de Genlis. On se souvient du rôle que cette femme célèbre

1. *Madame de Custine*, par M. Bardoux.

avait accepté dans un des projets de mariage d'Astolphe, lorsque, de 1815 à 1820, sa mère remuait ciel et terre pour lui trouver une femme. C'est elle qui avait négocié avec la fille du général Moreau une union qui faillit se conclure : ses bons offices méritaient assurément de la part d'Astolphe plus de reconnaissance qu'ils n'en obtinrent plus tard.

Madame de Genlis se rapproche donc de trop près aux personnages de notre récit, pour qu'il ne nous soit pas permis de la rappeler ici et de rectifier quelques-uns des jugements qui sont aujourd'hui trop facilement acceptés contre elle.

Voici ce que Chateaubriand lui écrit :

Que je vous dois d'excuses, Madame ! Me pardonnerez-vous mon impolitesse et mon silence ? Madame Récamier vous aura dit tout ce que je voudrais faire et la triste nécessité où je me trouve réduit. Je pourrai disposer de deux mille francs le 1er septembre. C'est bien peu de chose pour un ouvrage aussi utile. Mais peut-être aurai-je plus de fonds le dernier quartier de l'année, et je ne pourrais mieux les employer qu'à vous donner le moyen d'instruire et de charmer le public accoutumé à vous admirer.

Aussitôt, Madame la Comtesse, que j'aurai un moment de libre, je m'empresserai d'aller vous offrir mes hommages.

Chateaubriand, 23 mars 1823.

L'ouvrage dont Madame de Genlis s'occupait alors et dont il est question dans cette lettre, c'était une édition nouvelle de l'*Encyclopédie,* complètement transformée et reconstruite sur d'autres bases. Dans cette œuvre immense, elle se chargeait de refaire tous les articles de Diderot, de revoir toute la mythologie; de faire le prospectus, en y substituant des principes tout opposés à ceux dont s'étaient inspirés les écrivains du xviiie siècle.

Madame de Genlis demeurait alors à

la place Royale ; elle avait 78 ans, et, comme elle le dit, le manque de persévérance n'avait jamais été son défaut. Ce n'est pas par présomption, ajoutait-elle, qu'elle avait osé former une telle entreprise ; elle obéissait à des convictions religieuses, et, Dieu aidant, elle espérait mener à bien, ou du moins mettre en bonne voie cette œuvre colossale. On lui avait donné l'espérance que Chateaubriand protégerait l'entreprise de tout son pouvoir ; « il le lui avait promis lui-même, « et certainement alors il en avait le « projet[1]. » La lettre de Chateaubriand témoigne à la fois de sa bienveillance pour l'œuvre et de son respect pour son auteur : la vie de Madame de Genlis avait fait honneur aux lettres ; « elle avait ins- « truit et charmé les générations ; » elle était en possession d'une grande célébrité.

Aujourd'hui à l'exception de ses mé-

---

1. *Mémoires de Madame de Genlis.*

moires, dont la lecture est intéressante, ses livres ont passé de mode : c'est le destin des œuvres légères ; le roman surtout est soumis aux variations du goût ; ce qui a le plus charmé une époque par la peinture de ses mœurs, de ses idées et de son langage est jugé faux et insupportable par la génération qui la suit, quoique le plus souvent la forme seule ait changé. Mais quand la vogue a cessé, quand la célébrité s'est évanouie et que l'œuvre même a péri, quelque chose survit encore: il reste le souvenir d'une gloire qui a eu sa raison d'être, d'une imagination où s'est réflétée l'âme d'un siècle, d'un cœur à l'unisson de celui des contemporains. Celle qui, après avoir vécu de sa plume pendant des jours difficiles, forme à 78 ans le projet, le rêve si l'on veut, de refaire l'*Encyclopédie,* mérite assurément autre chose que le dédain et le dénigrement.

Ce qui caractérise surtout Madame de Genlis, ce sont les qualités du cœur :

elle était bienveillante ; elle ne voyait les choses que par leurs beaux côtés, et les hommes que par le mérite particulier qu'elle croyait reconnaître en eux; point de mauvais sentiments, point de haine ou d'aversion ; son optimisme s'étendait à tout et survivait aux déceptions, sans que jamais sa croyance au bien fût ébranlée. Cette heureuse disposition ne doit-elle pas inspirer au moins la sympathie pour sa mémoire ?

Il resterait à expliquer, si ce détail avait de l'intérêt, comment la lettre de Chateaubriand à Madame de Genlis a pu passer dans les mains de Madame de Custine et faire partie de sa collection. Aucun signe ne l'indique. En tête de la lettre, sur le côté, on lit : *auteur d'Atala*, et au bas : *Chateaubriand*. Ces mots écrits au crayon ne sont pas de la main de Madame de Custine. Il est probable que Madame de Genlis l'avait donnée à Astolphe, qui l'a réunie à celles que sa mère avait conservées.

Madame de Custine ne perdait pas de vue un seul instant ses sollicitations en faveur de son fils ; elle les multipliait sous toutes les formes. Le 24 mars, elle écrit à Chateaubriand qu'elle est allée la veille aux Tuileries, que Monsieur lui a demandé ce que faisait son fils, et que lorsqu'elle lui répondit: rien, elle a vu un grand embarras se peindre sur sa physionomie. Il n'y a, dit-elle, que la diplomatie qui convienne à Astolphe ; ce chemin de la Pairie serait moins difficile que de l'obtenir de *but en blanc ;* cela ne paraîtrait pas si extraordinaire. « C'est à ma sollicita-
« tion, ajoute-t-elle, que Fouché a fait
« Pair M. de Brézé ; convenez qu'il serait
« piquant que vous ne puissiez en faire
« autant pour Astolphe. »

Comme on le voit, Madame de Custine est une intrépide solliciteuse ; elle reconnaît que la nomination de son fils pourrait paraître extraordinaire ; et, en effet, des titres personnels, il n'en avait pas ; par sa famille, il n'en avait pas davantage ;

qu'est-ce que la monarchie devait à son grand père, général de la république, et à son père? Tous deux avaient péri victimes de la cause qu'ils avaient servie, et non pour le service de la royauté. Mais qu'importe? ce que Fouché avait pu faire, pourquoi Chateaubriand ne le ferait-il pas ? Ce parallèle avec Fouché était peut-être un peu risqué et dépassait la mesure. Mais Chateaubriand ne se fâcha pas ; il répondit le lendemain d'un ton de bonne humeur : « Mes amis d'autrefois sont mes « amis d'aujourd'hui et de demain. Je « dînerai avec vous lundi prochain. Nous « parlerons d'Astolphe[1]. »

Il est probable que Chateaubriand promit quelque nouvelle démarche qu'il ne put pas faire. C'est ce qui résulte du billet suivant :

[Mardi], 1er avril 1823.

Eh! bien, voyez quelle fatalité ! Je ne puis.

---

1. Ces deux lettres, ainsi que d'autres sur le même sujet, ont été publiées par M. A. Bardoux, *Madame de Custine* d'après des documents inédits.

Je suis, dans ce moment, complètement brouillé avec Corbière. Ne le dites même pas. Si je me raccommode, je suis à vous. J'ai revu votre bonne et spirituelle Polonaise à l'Infirmerie. Elle est meilleure que vous.

A vous pourtant.

Ch.

C'est de l'Infirmerie de Marie-Thérèse, fondée à l'extrémité de la rue d'Enfer, par les soins de Madame de Chateaubriand, qu'il est ici question. Cet asile destiné aux prêtres âgés et infirmes, recevait aussi, à cette époque, des femmes malades ou convalescentes. Les *Mémoires d'outre-tombe* en donnent un exemple touchant : « J'ai vu, dit Chateaubriand, une Espa« gnole, belle comme Dorothée, la perle « de Séville, mourir à seize ans de la poi« trine dans le dortoir commun, se félici« tant de son bonheur, regardant en sou« riant avec de grands yeux noirs à « demi-éteints, une figure pâle et amai-

« grie, Madame la Dauphine, qui lui de-
« mandait de ses nouvelles et l'assurait
« qu'elle serait bientôt guérie. Elle ex-
« pira le soir même, loin de la Mosquée
« de Cordoue et du Guadalquivir, son
« fleuve natal. » Cette jeune fille était
une orpheline dont Madame de Chateaubriand avait fait sa fille adoptive. L'Infirmerie de Marie-Thérèse a gardé son souvenir ; les deux vénérables sœurs qui la
soignaient, et qui lui survivent après plus
d'un demi-siècle, disent qu'elle était charmante. Elle repose dans le même caveau
que sa mère adoptive, sous l'autel de la
chapelle de l'Infirmerie, à côté de sa bien-
faitrice. Aucune inscription ne révèle son
nom :

Nomen frustra inquiri,
Ora ut scriptum sit in cœlo.

Mais quelle est cette bonne et spirituelle Polonaise que Chateaubriand a
revue à l'Infirmerie ? Ne serait-ce pas la
même personne qu'il avait *vue* vingt-trois

ans auparavant, à l'époque printanière des billets parfumés, quand, *par politesse, ou par curieuse faiblesse,* il allait remercier chez elles les dames inconnues qui lui envoyaient leurs noms avec leurs flatteries ? Parmi les plus charmantes, il y eut une Polonaise qui l'attendit dans des salons de soie : « mélange de l'Odalisque et de la « Valkyrie, elle avait l'air d'un perce- « neige à blanches fleurs ou d'une de ces « élégantes bruyères qui remplacent les « autres filles de Flore, lorsque la saison « de celles-ci n'est pas encore venue. » De 1800 à 1823, bien des printemps s'étaient succédé, bien des hivers aussi : les élégantes bruyères et les perce-neige s'étaient un peu fanés ; la ravissante odalisque elle-même avait changé ; mais de tous les dons de sa jeunesse, elle en avait conservé deux : l'esprit et la bonté ; que peut-on souhaiter de plus ? Elle était, paraît-il, l'amie de Madame de Custine ; mais nul ne se la rappelle à l'Infirmerie : Tout passe en ce monde et s'oublie !

Revenons à notre lettre du 1ᵉʳ avril. Elle ne fit qu'irriter l'impatience de Madame de Custine, qui insiste et veut faire des démarches quand même. Le lendemain Chateaubriand lui répond avec plus de laconisme.

Puisque vous le voulez, soyez donc à dix heures et demie à ma porte. Je vais chez le roi à 10 heures 3/4.

Jeudi matin (3 avril).

Cette fois Madame de Custine éclate. Elle se répand en plaintes et en reproches. Probablement au lieu de se rendre « à la « porte » du Ministère des affaires étrangères pour un entretien de dix minutes, elle envoie une lettre courroucée, que nous ne connaissons d'ailleurs que par la réponse que voici :

Mon indifférence ! Vous n'y croyez pas. Mes bienfaits ! Vous vous moquez de moi. Je n'en ai point à répandre et je ferais pour Astolphe ce que je ne ferais pas pour moi-même. Si j'avais le temps de vous expliquer pourquoi je ne puis vous demander à l'Intérieur, vous seriez convaincue que je ne mets point d'indifférence, dans l'impossibilité absolue où je me trouve d'écrire ni à M. Capelle, ni à M. Corbière.

J'irai vous voir avant votre départ.

Vendredi matin (4 avril).

Madame la Marquise de Custine.

Il est clair que malgré tout ce mouvement, avec toute l'irritation qu'elle ressent, les affaires de Madame de Custine ne marchent pas aussi vite qu'elle le voudrait. Le bon vouloir de Chateaubriand ne lui suffit pas ; elle le poursuit, elle le harcèle. Après quelque temps de ce manège d'une femme qui exige tout, même l'impossible, Chateaubriand, cette fois impatienté, lui répond :

Oserai-je vous prier de n'être pas si folle ?

J'écrirai à M. de Polignac. Il n'y a point de Pairs en l'air à présent.

Le vieil ami.

Samedi, 20 avril.

Une nouvelle préoccupation pour Madame de Custine était venue s'ajouter à toutes les autres : sa belle-fille, la jeune marquise de Custine, femme d'Astolphe, était gravement malade et sa santé donnait, en ce moment, les plus sérieuses inquiétudes.

C'est à ces craintes, trop bien fondées, dont Madame de Custine lui avait fait part, que Chateaubriand fait allusion dans la lettre qui suit :

Je suis désolé de vos chagrins. Je suis fort content des affaires d'Espagne, et vous voyez que je n'ai pas besoin de consolation excepté des vôtres quand vous êtes malheureuse. J'irai vous voir bientôt.

Mercredi (28 avril).

Madame de Custine.

Dans la lettre suivante, Chateaubriand renouvelle l'expression de sa sympathie pour les chagrins de Madame de Custine. Il lui écrit :

5 juin.

Il m'est survenu des convives, et j'ai été obligé d'ajourner les sangsues. Je suis toujours très souffrant. J'arrangerai l'affaire d'Astolphe. Je le plains et je vous plains. Je verrai si je puis faire quelque chose pour votre Monsieur de Constantinople.

A vous !

Madame de Custine.

Il y a-t-il un rapport entre ce Monsieur de Constantinople et un Monsieur de Tripoli dont il va être question ? Est-ce la même personne ? Voici deux lettres qui ne portent pas de date, mais qui semblent devoir se placer ici. Elles sont toutes les deux très affectueuses pour Madame de Custine, et la seconde est charmante. Quelle que soit leur vraie place, elles nous montrent combien, pendant le ministère de Chateaubriand, en 1823, les relations avec Madame de Custine ont été actives, soit qu'elle sollicitât pour son fils ou pour des protégés.

Je vous répondrais bien sur votre M. de Tripoli, si je me souvenais de quoi il est question. Dites toujours que je ferai tout ce que je pourrai, et cela est vrai, puisque c'est vous qui demandez ou plutôt qui ordonnez. Me voilà un peu débarrassé. Attendez-vous à ma visite.

Jeudi matin.

Madame de Custine.

Voici la seconde lettre :

Votre Monsieur est insupportable. Je ferai cependant ce que vous voulez. Je ne partirai que dimanche. Je penserai toujours à la dame qui doit passer l'éternité avec moi.

Vendredi soir.

Madame la marquise de Custine.

Tout en sollicitant pour autrui, Madame de Custine ne cessait pas de poursuivre ses instances en faveur d'Astolphe. Elle supplie de nouveau Chateaubriand d'activer ses démarches, d'y mettre plus d'ardeur; elle l'accuse même d'indifférence. Il répond, à la date du 6 juillet, par une lettre presque semblable à celle qu'il avait écrite le 4 avril précédent dans les mêmes circonstances : « Voilà vos injustices. « Vous savez dans quel misérable escla-« vage je vis. J'espère vous voir cet au-« tomne. Puis-je oublier Astolphe? Le « temps qui console de tout ne me console « pas de vous quitter ; mais vous verrez « qu'on me fuit en vain et qu'on me « retrouve toujours. »

On se demande en lisant ces lettres, s'il est bien prouvé que l'amour de Chateaubriand pour la dame de ses pensées se soit jamais réduit à une simple amitié. Ne semble-t-il pas au contraire que leur amour ait été plus fort que le temps ? Madame de Custine avait alors 53 ans; sous ses cheveux blancs, elle avait conservé toutes ses grâces, son charmant sourire, ses yeux caressants, et même sa jalousie ; et Chateaubriand, qui adorait l'*Anthologie*, ne pouvait manquer de partager les idées du poëte qui a célébré en vers si ravissants l'automne de la vie et la douceur des dernières amours[1]. Il y a des femmes aimées du ciel, qui ne vieillissent jamais : « les années en passant sur leurs têtes, « n'y déposent que leurs printemps ». Cette expression charmante de Chateaubriand, rapportée par le comte de Marcellus, cache un sens vrai sous l'apparence d'une galanterie légère. — Il en fut ainsi pour Madame de Custine jusqu'au jour où, comme nous le verrons, les malheurs d'Astolphe brisèrent sa vie.

1. Philodème, *Anthol. Palat. V.* 13.

CHAPITRE VI.

La jeune marquise de Custine. Sa mort. — Aventure d'Astolphe. — Chateaubriand dans l'opposition. — Voyage en Suisse. — Mort de Louis XVIII. — Voyage de Madame de Chateaubriand à La Seyne. Massillon. — Madame de Custine en Suisse. Sa mort.

Madame de Custine se préparait à partir pour Fervaques, quand, le lendemain de cette lettre du 7 juillet 1823, mourut entre ses bras, après deux ans de mariage, la jeune marquise de Custine, femme d'Astolphe. Elle était âgée de vingt ans. Un billet de Madame de Custine, que Chateaubriand n'ouvrit qu'en tremblant, « parce qu'il pressentait une affreuse nou- « velle, » lui annonça l'événement. Il répondit immédiatement par quelques mots pleins d'émotion : « Astolphe, ajoutait-il, « est jeune, il se consolera, mais vous[1] ! »

---

1. Cette lettre, ainsi que la précédente, a été publiée par M. A. Bardoux : *Madame de Custine*.

De cette union si promptement brisée, il restait un fils, Enguerrand de Custine, frêle rejeton qui suivit sa mère au tombeau et ne vécut que quelques années.

.....Vagitus et ingens
Infantum que animæ flentes...

Nouveau deuil pour cette maison malheureuse où la mort était entrée !

Nous n'avons que très peu de détails sur cette jeune marquise de Custine, qui venait de disparaître avant l'âge, et qui a passé sur la terre sans y laisser de trace, dérobée, peut-être par un bienfait de la Providence, aux chagrins de la vie. Chateaubriand ne manquait jamais dans ses lettres, de lui adresser une formule de politesse et un souvenir. Sa belle-mère, Madame de Custine, à qui l'avenir réservait d'autres douleurs, parait l'avoir vivement regrettée. De ce moment redoublèrent toutes ses tristesses.

Madame de Custine, en effet, n'était pas

heureuse. Elle avait eu récemment la douleur de perdre sa mère ; elle venait de perdre sa belle-fille ; son fils, dont les sentiments ne répondaient pas aux siens, était pour elle un sujet d'inquiétudes et d'alarmes. Son âme ardente ne trouvait de tous côtés que le désenchantement et l'ennui. Il y avait en elle une sorte d'inquiétude innée, une tristesse qui ne s'explique que trop par les scènes tragiques de sa jeunesse, des alternatives de tendresse et de désespérance (le mot est de Chateaubriand) et quelque chose aussi d'impérieux et d'âpre, voilé par ses grâces affables, qui se traduisait souvent en plaintes, en exigences, presque en accusations.

La preuve que nous en avons déjà donnée se trouve confirmée par une lettre où Madame de Custine semble se peindre mieux qu'en aucune autre[1]. Assurément, entre elle et Chateaubriand la correspon-

1. *Madame de Custine*, d'après des documents inédits.

dance ne chômait guères, mais cela même ne lui suffisait pas : « Ses lettres s'égarent « peut-être dans les bureaux des affaires « étrangères, et cette idée lui est insup- « portable ! » Elle imagine donc de les faire remettre directement par un ami commun, M. Bertin ; elle va jusqu'à solliciter ses bons offices auprès de Chateaubriand ! Dans la lettre qu'elle lui écrit et qu'il faudrait lire tout entière, elle éclate en reproches amers : « Elle espérait, dit-« elle, que depuis qu'ils étaient si mal-« heureux, M. de Chateaubriand pense-« rait plus à eux... Mais rien n'a le pou-« voir de le forcer à penser à ses amis. « C'est pourtant bien triste de voir un « homme rempli de moyens et d'esprit « (Astolphe), condamné à une nullité com-« plète : ne serait-ce pas l'affaire d'un ami « puissant de l'en faire sortir ? »

Un sentiment touchant inspire cette lettre et peint l'agitation d'esprit de son auteur. Mais Madame de Custine, dans l'ardeur de ses préoccupations mater-

nelles, rend-elle bien justice à Chateaubriand ? N'y a-t-il pas de sa part un excès d'obsession ? Nous avons vu qu'elle exige de lui des démarches alors même qu'il lui démontre qu'elles manquent d'à-propos : « Vous ne voulez pas croire, lui dit-
« il, qu'il n'est pas question de Pairs ; je
« vous donnerai pour Villèle tous les mots
« que vous voudrez, mais je crois que
« vous choisissez mal votre temps¹. »

Néanmoins, ces mouvements d'irritation de Madame de Custine n'étaient que passagers. Chateaubriand les calmait d'un mot : « J'irai vous voir ! » et l'harmonie était aussitôt rétablie.

Madame de Custine était à Fervaques ; Chateaubriand avait promis d'aller lui faire une visite à la fin de l'automne. Ce projet manqua par des causes fortuites que la lettre suivante nous fait connaître :

Vous aurez vu par l'estafette que vous

---

1. *Madame de Custine*, d'après des documents inédits.

aurez reçue et par mes lettres envoyées poste restante à Lisieux que je m'étais mis en route pour vous tenir parole. J'ai été suivi de toutes les misères. Ma voiture a cassé, et c'est la première fois que cela m'arrive. J'ai été rejoint par un courrier et obligé de revenir sur mes pas. Croiriez-vous que, malgré tout cela, je ne suis pas découragé, et que, malgré la mésaventure, si vous prolongez votre séjour à Lisieux, je ne renonce pas à aller vous voir. Mais pour le moment, je ne le puis, et mon second voyage serait remis au mois de décembre. Faites-moi le plaisir de me renvoyer mes lettres[1]. Plaignez-moi et croyez à tout ce que je suis pour vous et pour Astolphe. Mille choses à l'ami.

Paris, mercredi 5 novembre 1823.

Ni l'estafette reçue, ni les lettres poste restante, ni même les voitures versées, ne

---

1. Les lettres qui étaient arrivées pour lui à Fervaques.

portèrent la conviction dans l'esprit inquiet de Madame de Custine. Elle continua ses plaintes ; elle accusa Chateaubriand de lui faire des histoires et de lui envoyer de mauvaises défaites : ne voulait-il donc plus faire d'Astolphe un Pair de France? Chateaubriand lui répond par la lettre suivante :

Je vous ai dit cent fois et je vous le répète, je pense que la vraie carrière d'Astolphe est la Pairie, et il est impossible désormais qu'il l'attende longtemps. De la Pairie on va à tout ; un peu de patience ; il est bien loin d'avoir les années où j'ai commencé ma vie politique. Sans doute, j'aurais été plus heureux à Fervaques, si je puis être heureux quelque part. La solitude me plaît, mais souvent la vie m'ennuie. C'est un mal que j'ai apporté en naissant ; il faut le souffrir puisqu'il n'y a point de remède.

Vous me faites une histoire dans votre dernier billet, que tout le monde a faite ici. Cela n'a pas le sens commun ; j'allais à Fervaques ;

j'étais prêt à vous voir, lorsque j'ai été rappelé, et pour avoir seulement quitté Paris vingt-quatre heures, j'ai trouvé mille contes à un ou à deux, et politiques en l'air, comme si les premiers étaient de mon âge, et que les seconds eussent le moindre fondement. Je ne puis plus faire un pas qu'on n'imagine que tout va se briser. Eh ! bien, croiriez-vous que, malgré vos injustices et les bavardages publics, je rêve encore de faire dans ce moment même une course à Fervaques ! Je ne le pourrai probablement pas, mais enfin je ne puis me départir de ma douce chimère.

Mille choses tendres à vous et aux amis.

2 décembre 1823.

Il ne paraît pas que Chateaubriand ait fait, dans le courant du mois de décembre, une visite à Fervaques, comme il l'avait annoncé. Il était alors très préoccupé de la candidature d'Astolphe à la Pairie, et pendant un moment, il crut même qu'il allait réussir ; mais le succès espéré n'arriva pas. Dans la lettre suivante, il rend compte à Madame de Custine de l'ajournement de ses espérances.

Mercredi, 24 décembre 1823.

J'avais de grandes espérances. Elles ont été trompées pour le moment. Le Roi n'a voulu nommer, je crois, que des députés, des militaires et des hommes de sa maison et de celles des Princes. Mais j'ai la promesse pour Astolphe pour une autre circonstance qui n'est pas très éloignée. Ne croyez pas que je vous oublie et que vous n'êtes dans ma vie au nombre de mes plus doux et de mes plus impérissables souvenirs.

Mille tendresses à tous.

Ch.

Cette lettre du 24 décembre 1823 est la dernière dans laquelle il soit question de la candidature d'Astolphe. C'est aussi la dernière de toute sa correspondance avec Chateaubriand que Madame de Custine ait conservée.

On voit quelle était à cette date la situation d'Astolphe : il occupait à la cour et dans le monde le rang le plus honorable ; son esprit, la distinction de ses manières lui assuraient partout le plus favorable accueil ; la bienveillance du Roi et des Princes lui était acquise ; il était à la veille d'être Pair de France, suivant la promesse que Chateaubriand en avait reçue ; tout semblait lui sourire ; un des mariages préparés par les soins de sa mère allait sans doute effacer les deuils de sa famille et lui rendre les joies du foyer domestique.

Cette perspective de bonheur qui s'offrait à lui et qui aurait dû combler ses vœux, s'évanouit tout d'un coup, et ce n'est pas, comme on a eu tort de le dire, à l'ingratitude du gouvernement de la

Restauration, c'est à lui-même, à lui seul qu'il doit imputer d'avoir tout perdu.

Il est des choses qu'on voudrait pouvoir ne pas écrire et qu'il faut pourtant raconter, au moins sommairement, pour rétablir la vérité des faits. Empruntons-en le récit à un homme dont l'attachement a survécu aux fautes mêmes de son ami, et dont l'âme honnête et simple a fait preuve jusqu'à la fin d'une extrême partialité en faveur d'Astolphe. Nous voulons parler de M. Varnhagen d'Ense.

« Un accident terrible, dit M. Varnha-
« gen, vint mettre en émoi tout Paris. On
« trouvait, un beau matin, dans les envi-
« rons de cette ville, un jeune homme
« gisant dans les champs, sans connais-
« sance, dépouillé de tous vêtements et
« meurtri en différentes parties du corps.
« Ce jeune homme n'était autre que Custine,
« qui paraissait avoir été la victime d'un
« crime. On ne le désignait pas hautement,
« mais on prononçait nettement son nom en
« cachette, et la calomnie se complaisait en

« chuchotements qui devaient nuire à la ré-
« putation d'un homme qui comptait des
« adversaires aussi bien dans les rangs du
« monde libéral que dans ceux de l'aristo-
« cratie. Indigné d'une pareille méchan-
« ceté, il se retira quelque temps du grand
« monde, s'adonnant d'une manière plus
« sérieuse à la littérature, et il entreprit
« différents voyages...[1]. »

Cette narration, malgré des réticences calculées et d'évidentes contradictions, n'est malheureusement que trop claire. C'est en vain que Varnhagen ménage autant qu'il peut ses expressions, craignant de trop soulever les voiles ; il voudrait même ne pas croire aux faits qu'il rapporte. Mais comment s'expliquerait-on que Custine, victime d'un crime, comme Varnhagen l'allègue en hésitant, n'ait manifesté son indignation contre la *méchanceté* qu'en

---

1. Lettres du marquis A. de Custine à Varnhagen d'Ense et Rahel Varnhagen d'Ense, accompagnées de plusieurs lettres de la comtesse Delphine de Custine et de Rahel Varnhagen d'Ense. — Bruxelles, 1870.

se retirant *pour quelque temps* du monde!
et que, courbant la tête devant la calomnie, il ait abandonné sans retour ses prétentions à la Pairie et ses projets de mariage ?

Ce qu'il y a de certain c'est qu'il s'agissait d'une de ces affaires inavouables qui laissent un stigmate ineffaçable dans la vie d'un homme. Custine fut victime d'un honteux rendez-vous qu'il avait provoqué lui-même, et qu'on n'avait accepté que pour lui infliger un châtiment exemplaire. Exact à ce rendez-vous, Custine y trouva cinq ou six adversaires. Maltraité, battu, laissé nu au milieu des champs, il rentra dans Paris sous le manteau d'un cocher de fiacre et n'eut rien de plus pressé que de porter plainte. C'est par cette imprudente démarche que le scandale éclata publiquement. Une enquête fut commencée; elle établit d'autant plus vite la vérité des faits que les agresseurs, appartenant à un corps d'élite de l'armée, se déclarèrent eux-mêmes. Ils ne furent pas poursuivis. Cette affaire eut, en effet, comme dit M. de Varnhagen, un immense retentissement, qui dure encore.

Naturellement, à partir de ce jour, il ne fut plus question pour Astolphe, ni de la Pairie, ni de mariages. Ces projets, auxquels avaient pris part quelques-unes des plus nobles familles de France, tombèrent du coup dans le néant. Nous lisons dans les Souvenirs très intéressants de Madame la comtesse de Sainte-Aulaire, cette simple phrase qui, à la lueur d'événements subséquents, devient sinistre et serre le cœur : « Je retrouvai à Paris ma chère
« Marie Mendelsohn (gouvernante de Ma-
« demoiselle Fanny Sébastiani) ; on pen-
« sait alors à marier Fanny ; je fus char-
« gée de lui parler de M. de Custine :
« heureusement, cette idée n'eut pas de
« suite et M. de Praslin fut choisi. »
Heureusement! Quelle ironie du sort! On ne savait pas alors ce que l'avenir tenait en réserve ; on ne prévoyait pas un autre drame plus terrible encore que celui de

M. de Custine : l'horrible tragédie qui devait assombrir les dernières années du règne de Louis-Philippe... Nul ne peut fuir sa destinée !

On peut juger du désespoir de Madame de Custine. Cette catastrophe quelle avait prévue peut-être et redoutée depuis longtemps, depuis le jour de l'étrange passion d'Astolphe pour un jeune homme de Darmstadt, passion dont la bonne et honnête famille de Varnhagen avait été témoin sans en suspecter le caractère, enlevait à la pauvre mère tout à la fois ses projets d'avenir, ses espérances, son amour du monde, ses relations avec la Cour. Il ne lui restait rien que les derniers jours d'une vie désenchantée, solitaire et sans but.

La situation était-elle donc sans remède ? Dans le premier effarement, une sorte de conseil de famille fut réuni, dont Chateaubriand faisait partie avec deux autres amis de Madame de Custine. Chateaubriand, dit-on, proposa un remède héroïque : On « pouvait, peut-être, sauver les apparen- « ces en les bravant, et réduire au silence « les auteurs des mauvais propos par un « duel éclatant ; sinon, il fallait quitter la « France pour n'y plus rentrer. » Custine adopta en partie, mais en partie seulement, cet avis : il s'absenta pour quelque temps et voyagea !

Madame de Custine, dans la tristesse et le deuil, se retira à Fervaques et s'éloigna chaque jour davantage de ce monde où elle avait tant brillé par sa beauté, sa grâce et son esprit. Elle n'interrompit cependant pas sa correspondance avec Chateaubriand, mais à partir de cette époque, elle cessa de conserver ses lettres, qui ne devaient plus contenir que de pénibles détails, des conseils, des consolations relatives à la malheureuse affaire d'Astolphe. C'est un sujet dont la pauvre mère n'avait garde de perpétuer le souvenir.

Au milieu de ces événements, Chateaubriand, au faîte des honneurs et de la popularité, conservait dans le ministère Villèle la direction du ministère des affaires étrangères. L'avenir était alors plein de promesses. Le gouvernement de la Restauration avait atteint son plus haut degré de puissance et de gloire : la guerre d'Espagne terminée par de brillants succès, la France replacée à son rang dans le concert européen, l'opposition vaincue aux élections des 25 janvier et 6 mars 1824, tout semblait assurer au Ministère une longue période de paix et de stabilité.

Combien cependant cette apparente sécurité était trompeuse ! Une invincible antipathie entre M. de Villèle et Chateaubriand, dissimulée, voilée tant que leurs intérêts dans la lutte politique avaient été les mêmes, s'était révélée et avait grandi aussitôt qu'ils avaient partagé le pouvoir. Les rivalités et de profonds dissentiments n'avaient pas tardé à se produire.

Comment aurait-il pu en être autrement

entre deux hommes d'État de nature si divergente ? M. de Villèle, comme il le proclamait lui-même avec un dédain ironique, « était peu fait pour les grands « horizons »; il reprochait à Chateaubriand d'être plein de chimères, et de se perdre dans les espaces. Chateaubriand, de son côté, avec ses profondes intuitions, qui souvent lui découvraient l'avenir, méprisait l'étroit esprit de l'homme d'affaires et ses vues à courte échéance. La politique de l'un ne pouvait donc être celle de l'autre ; l'une était celle du génie avec son enthousiasme, ses élans passionnés et ses aspirations indéfinies ; l'autre plus terre-à-terre, était celle de la pratique, à qui suffit le labeur de chaque jour et qui s'en acquitte honnêtement, habilement, avec une régularité persévérante. Esprits entiers tous les deux : M. de Villèle, pas plus que Chateaubriand, ne supportant la contradiction et n'admettant aucune supériorité.

M. de Villèle s'était montré très opposé

à la guerre d'Espagne que Châteaubriand par son ascendant avait fait entreprendre, dont il prépara, dirigea, surveilla les opérations avec une extrême énergie, et beaucoup d'habileté, qu'il considérait comme son œuvre et comme sa gloire. M. de Villèle avait été froissé de ses succès ; il ne l'était pas moins des fêtes fastueuses du ministère des affaires étrangères, qui, dans le monde aristocratique d'alors, éclipsaient et rendaient ridicules ses réceptions plus modestes.

L'hostilité des deux ministres et les dissentiments au sein du ministère remontaient presque à l'époque de sa formation. Nous en trouvons même la preuve dans les lettres de Châteaubriand qu'on vient de lire : dès le mois de février, deux mois après son entrée dans le Cabinet, Madame de Custine l'avait mis sur ses gardes et l'avait averti des bruits qui couraient : « Quel tas de bêtises ! avait répondu Châ-
« teaubriand ; Villèle et moi sommes très
« bien ensemble. » Il est probable que,

malgré ses dénégations, les rumeurs n'étaient pas sans fondement ; mais Chateaubriand n'était pas obligé de l'avouer, même à Madame de Custine. Cependant, quelques semaines plus tard il est moins réservé, et le 1er avril il lui écrit : « Je « suis complètement brouillé avec Cor- « bière ; ne le dites pas ; » trois jours après, il l'avertit qu'il est « dans l'impos- « sibilité de correspondre avec les deux « ministres Capelle et Corbière. » Or Corbière et Villèle c'est tout un ; brouillé avec l'un, il y avait peu de chance qu'il fût l'ami de l'autre. Loin de s'améliorer, ses rapports avec ses collègues ne firent ensuite que s'aigrir et s'envenimer.

Les choses étaient en cet état, quand le 6 juin 1824, jour de la Pentecôte, Chateaubriand en arrivant aux Tuileries, où il allait faire sa cour au roi, reçut la lettre suivante :

« J'obéis aux ordres du roi en trans- « mettant à votre Excellence une ordon- « nance que le Roi vient de rendre : Le

« sieur comte de Villèle, président de
« notre Conseil des ministres, est chargé
« par intérim du portefeuille des affaires
« étrangères, en remplacement du sieur
« Vicomte de Chateaubriand. »

On ne comprendrait pas que M. de Villèle, ordinairement si mesuré, se fût laissé emporter tout à coup à un degré d'exaspération tel qu'il signifiât aussi brutalement à un collègue son expulsion. Chateaubriand n'avait pas même été prévenu ; les formes les plus vulgaires de la politesse semblaient avoir été supprimées de propos délibéré ; ni les services rendus, ni la haute situation de l'homme politique, ni la gloire de l'écrivain, ni les dangers évidents d'une pareille mesure, qui ressemblait presque à un coup d'État, n'avaient été pris en considération.

Il y a là une énigme dont M. de Villèle nous donne la clé dans ses Mémoires : la mesure prise dans la matinée du 6 juin était le résultat d'un ordre formel du roi lui-même. « Le roi, dit-il, me fait deman-

« der à dix heures du matin. Je m'y
« rends. A peine la porte de son cabinet
« est-elle fermée, qu'il me dit : « Villèle,
« Chateaubriand nous a trahis ; je ne veux
« pas le voir à ma réception. » Je fais
« observer au roi le peu de temps qui
« restait : tout est inutile. Il me fait dresser
« aussitôt l'ordonnance sur son propre
« bureau, chose qu'il n'aurait jamais faite
« en toute autre circonstance. Il la signe
« et je vais l'expédier. Mais on ne trouve
« pas M. de Chateaubriand chez lui ; il
« s'était déjà rendu dans les appartements
« de S. A. R. Monsieur, attendant ce
« prince pour lui présenter ses hom-
« mages : c'est là seulement qu'on peut
« lui remettre l'ordre du roi qui le révo-
« que de ses fonctions. »

M. de Villèle déclare n'avoir jamais su qui avait révélé au roi l'hostilité de Chateaubriand au projet de conversion de la rente et la part qu'il avait prise au rejet de cette loi devant la Chambre des Pairs. Cependant Chateaubriand ne s'en cachait pas, et son opposition n'était un secret pour personne dans aucun des salons qu'il fréquentait, et surtout dans celui de Madame de Custine.

Il résulte de ces détails, ignorés de Chateaubriand, que l'initiative de sa révocation appartient personnellement au roi, non à M. de Villèle. Mais il est permis de croire que M. de Villèle s'y prêta sans se faire beaucoup prier. Dans les explications qu'il eut à ce sujet avec Berryer, il en accepte toute la responsabilité comme de son œuvre personnelle et sans découvrir la personne du roi, ce qui était son devoir. Quant à la mesure en elle-même, il y trouvait la satisfaction, très impolitique d'ailleurs, de rancunes invétérées.

On peut lire dans les *Mémoires d'outretombe* et les écrits du temps, les détails et les conséquences immédiates de cet événement inattendu. Le scandale fut immense, et Chateaubriand n'était pas homme à supporter patiemment une telle offense. L'explosion de sa colère fut terrible : « Avec cela, dit-il en montrant une « plume, j'écraserai le petit homme. » Il tint parole, et la guerre sans trêve ni merci fut déclarée. Il souleva contre M. de Villèle une formidable opposition ; le « petit homme » fut renversé, mais dans sa chute il entraîna la monarchie.

Aussitôt que Madame de Custine apprit la disgrâce de son ami, elle lui adressa, toujours aimante et toujours dévouée, ces touchantes paroles : « Vous savez que, « quelles que soient mes peines, je res- « sens avant tout les vôtres. Venez, « comme autrefois, vous reposer à Fer- « vaques. » Que de souvenirs et de sentiments tendres dans ces simples mots ! Il ne paraît pas cependant que Chateaubriand se soit rendu à Fervaques comme Madame de Custine l'y conviait. Dès le 21 juin, quinze jours après sa chute, il commença contre le ministère cette opposition implacable qui devait l'entraîner bien au delà du but qu'il voulait atteindre, jusqu'au renversement de la monarchie par une révolution.

Comment Chateaubriand, avec ses antécédents politiques, oubliant l'implacable opposition qu'il avait faite au ministère Decazes et aux libéraux, a-t-il passé, par une brusque transformation et des alliances nouvelles, dans les rangs de ces « ouvriers « en ruines, » comme il les appelle, qui formaient le parti d'attaque sous la Restauration ? A cette question et au reproche qu'on lui adresse d'avoir contribué à la chute de la monarchie, il répond par des aveux et des regrets : « Eussé-je deviné le « résultat, dit-il, certes je me serais abs- « tenu ; la majorité qui vota la phrase sur « le refus de concours (adresse des 221) « ne l'eût pas votée si elle eût prévu la « conséquence de son vote. Personne ne « désirait sérieusement une catastrophe, « sauf quelques hommes à part. » Puis rejetant sur l'instabilité des choses humaines les faits accomplis, il ajoute tristement : « Après tout, ce n'est qu'une mo-

« narchie tombée ; il en tombera bien
« d'autres. Je ne lui devais que ma fidé-
« lité, elle l'aura à jamais. »

Il ne s'était fait d'ailleurs aucune illusion, même au plus fort de son opposition, sur les fatales inconséquences où il se laissait entraîner, et avec sa sincérité habituelle, il en faisait l'aveu : « Je vais toujours
« seul je ne sais où, disait-il, tantôt condui-
« sant l'opinion, tantôt poussé par elle.
« Quelquefois je l'égare, d'autres fois elle
« m'égare elle-même, et il me faut la
« suivre à contre-cœur. Je ne me fais
« point illusion sur moi-même : je me
« creuse un abîme où je m'enfonce tous
« les jours plus avant. » Il était ému en prononçant ces paroles, et lui qui ne pleurait jamais devant personne, il essuya quelques larmes [1].

Sans doute pour un homme d'État qui doit porter devant l'histoire la responsabilité de ses actes et même des consé-

---

1. Comte de Marcellus : *Chateaubriand et son temps.*

quences qu'il n'a pas prévues, l'apologie de Chateaubriand paraîtra insuffisante, et lui-même il l'a senti quand il a reconnu, dans ses Mémoires, la faute qu'il avait commise en s'alliant aux hommes de ce parti imprévoyant qui, monarchiste au fond du cœur, après avoir renversé la monarchie de Louis XVI, allait renverser celle de Charles X, et qui préparera plus tard la chute de Louis-Philippe ; parti d'utopistes, généreux sans doute, se disant et se croyant modérés, mais qui, comme on l'a dit, « préparent les révolu-« tions sans les vouloir, et qui, rêvant le « bien, conduisent au mal. »

C'est de cette époque que date la grande popularité de Chateaubriand dans le parti libéral, son public avait changé ; il réunit autour de lui une société d'écrivains pour donner de l'ensemble à ses combats. Les lettres d'adhésion, les protestations de dévouement portant les noms de l'opposition la plus avancée et la plus hostile à la monarchie lui arrivent de toute part. Les hommes de lettres du parti populaire s'empressaient, de leur côté, à lui former une cour, à se relayer auprès de lui, à l'entretenir sans cesse, à ne pas le laisser un instant seul avec lui-même. On sentait de quelle importance était la conquête d'un tel nom, et l'on redoutait de la part de cette noble et mobile nature une défection, quelque retour soudain aux sentiments chevaleresques et monarchiques. Pauvre grand homme ! qu'il était loin de se croire ainsi épié, gardé à vue, séquestré par des hommes qu'il regardait comme ses amis, au profit d'une cause qui n'était pas la sienne ! Il se croyait le chef d'un parti ; il en était l'instrument.

Cependant les suffrages fort suspects de ses anciens antagonistes étaient bien faits pour l'inquiéter. « J'ai surpris plus « d'une fois dans son âme, dit le comte « de Marcellus, un étonnement mêlé de « regrets pour les témoignagnes d'admi- « ration et d'estime qui lui venaient de ce

« côté. » Avec une droiture qui l'honore grandement il a, sans hésiter, reconnu ses torts : « Je crus très sincèrement, dit-il, « remplir un devoir en combattant à la « tête de l'opposition, trop attentif au péril « que je voyais d'un côté, pas assez frappé « du danger contraire. Eussé-je deviné le « résultat, je me serais abstenu. Pour me « punir de m'être laissé aller à un ressen- « timent trop vif peut-être, il ne m'est « resté qu'à m'immoler moi-même sur le « bûcher de la monarchie. » Quel homme d'État a jamais poussé plus loin la franchise de ses aveux?

Pendant que Chateaubriand, tout en protestant de son amour pour la monarchie et de son dévouement au roi, poursuivait les ministres de ses invectives, il préparait la première édition complète de ses œuvres et consacrait toute son ardeur à la plus noble et la plus légitime des causes : l'affranchissement de la Grèce.

Quelques semaines après avoir quitté le ministère, il partit pour la Suisse où il rejoignit Madame de Chateaubriand qui était allée l'y attendre. Au bord du lac de Neufchatel, dans ces campagnes charmantes, il retrouvait les souvenirs de Jean-Jacques Rousseau qui s'y était promené en habit d'Arménien. Du haut des montagnes, il se plaisait à contempler le lac de Bienne et « les horizons bleuâtres »; enfin il s'était fixé à Fribourg quand la maladie du roi le rappela précipitamment à Paris.

Louis XVIII mourut le 16 septembre 1824, survivant de trois mois seulement à la révocation de son ministre des affaires étrangères. Presque immédiatement, Chateaubriand publia sa brochure : « Le roi « est mort, vive le roi », qui semblait annoncer un changement dans ses dispositions, et peut-être la fin de ses hostilités. Après la publication de cette brochure, il retourna chercher en Suisse Madame de Chateaubriand, qu'il ramena bientôt à Paris.

L'année suivante, il assista à Reims au sacre du roi Charles X (29 mai), sans que, en cette circonstance solennelle, il se fit un rapprochement qu'on aurait pu espérer, et l'opposition contre les ministres reprit avec une nouvelle ardeur.

Les choses étaient en cet état vers la fin de 1825. Madame de Chateaubriand, atteinte dès cette époque d'une bronchite chronique, était allée passer l'hiver dans le midi de la France. Elle avait choisi pour résidence la petite ville de La Seyne, simple village, écrivait-elle, sur le golfe qui termine la rade de Toulon. La description qu'elle en donne est charmante : « La
« Seyne est entourée de petits coteaux,
« bien dessinés et plantés de vignes, de
« cyprès et d'oliviers. Du village, on a la
« vue de la mer et de la rade, et, si l'on
« monte un peu, celle de la pleine mer,
« couverte de vaisseaux qui se croisent,
« et d'une quantité de petits bâtiments et
« de bateaux pêcheurs, montés les uns
« par d'honnêtes marins, les autres par

« d'honnêtes forçats, dont les habits rouges
« sont d'un effet très agréable tout au
« travers des voiles. »

C'est là qu'elle passa l'hiver. Son séjour y fut signalé par des bienfaits : à La Seyne vivait une pauvre famille, portant un illustre nom, mais dans un tel état de dénuement que la mère était obligée de garder la chambre faute de vêtements. Madame de Chateaubriand sollicita en faveur des deux fils l'intervention de l'évêque d'Hermopolis auprès du roi, « qui igno-
« rait certainement que des neveux de
« Massillon mouraient de faim sous le
« règne d'un descendant de Louis XIV. »
La requête de Madame de Chateaubriand fut accueillie comme elle ne pouvait manquer de l'être, et ses deux jeunes protégés, héritiers d'un grand nom, virent s'ouvrir devant eux une carrière honorable. La famille Massillon avait été ruinée par la Révolution et par les guerres de l'Empire[1].

---

1 *Madame de Chateaubriand : lettres inédites à M. Clausel de Coussergue,* par M. G. Pailhès.

Le séjour du midi ne fut pas favorable à Madame de Chateaubriand. Elle retourna à Lyon ; son mari alla l'y rejoindre pour la conduire à Lausanne, où, contrairement aux pronostics des médecins, sa santé se rétablit. Elle était dans cette ville le 20 mai 1826. Chateaubriand y fixa sa résidence ; il y voyait Madame de Montolier, qui, retirée sur une haute colline, « mou-
« rait dans les illusions du roman, comme
« Madame de Genlis, sa contempo-
« raine. »

De son côté, Madame de Custine, très retirée du monde, très désintéressée de la politique, si ce n'est quand Chateaubriand y était personnellement en cause, passait des années entières à Fervaques, s'y enveloppant de deuil et de solitude. Un charme mêlé d'amertume l'attachait à ces lieux qui lui rappelaient les rêves et les illusions de ses belles années. Elle se plaisait encore, comme autrefois, parmi ces arbres qu'elle avait plantés, et que, en des jours plus heureux, elle avait consacrés aux souvenirs de ses amis, en les désignant par le nom de chacun d'eux. Sa santé s'était profondément altérée : on eût dit qu'elle ne pouvait survivre à la ruine de ses espérances.

Au commencement de l'été de 1826, très souffrante et portant déjà sur ses traits amaigris les signes d'une fin prochaine, elle voulut revoir la Suisse, aller y chercher des eaux salutaires, et y ressaisir peut-être la vie qui lui échappait.

Elle partit accompagnée de son fils et de M. Bertsœcher que Koreff lui avait autrefois donné comme précepteur d'Astolphe, et qui lui était resté attaché. Elle arriva en Suisse. De Lausanne, Chateaubriand se rendit auprès d'elle et la vit pour la dernière fois. Il nous raconte lui-même en termes émus cette entrevue qui ressemblait à des adieux funèbres, et dans ses Mémoires, écrits longtemps après, il l'entoure encore de toute la tendresse de ses sentiments et de toute la poésie de ses souvenirs : « J'ai vu, dit-il, celle qui « affronta l'échafaud d'un si grand cou- « rage, je l'ai vue plus blanche qu'une « Parque, vêtue de noir, la taille amincie « par la mort, la tête ornée de sa seule « chevelure de soie, me sourire de ses « lèvres pâles et de ses belles dents, « lorsqu'elle quittait Sécherons, près « Genève. »

Madame de Custine continua sa route. A Bex, elle descendit à la pension de l'Union, petit hôtel avec des bains d'eaux salines, situé près de l'église et adossé à de hautes montagnes.

C'est de ce dernier asile que Bertsœ- cher annonça le 25 juillet à Chateaubriand que son amie avait cessé de vivre : « Elle « a rendu son âme à Dieu sans agonie, ce « matin à onze heures moins un quart. « Elle s'était encore promenée en voiture « hier au soir. Rien n'annonçait une fin si « prochaine. Nous nous disposons pour

« retourner en France avec les restes de
« la meilleure des mères et des amies.
« Enguerrand (le petit-fils de Madame de
« Custine) reposera entre ses deux mères...
« nous passerons par Lausanne, où M. de
« Custine ira vous chercher, aussitôt notre
« arrivée. »

Ce programme fut exécuté de point en point. Chateaubriand ne dit pas qu'il ait assisté, à Bex, à une veillée funèbre ; il dit seulement : « J'ai entendu le cercueil
« de madame de Custine passer, la nuit,
« dans les rues solitaires de Lausanne,
« pour aller prendre sa place éternelle à
« Fervaques : elle se hâtait de se cacher
« dans une terre qu'elle n'avait possédée
« qu'un instant, comme sa vie. »

On a conservé longtemps à Bex le souvenir de la pauvre malade, de la bonne dame, qui y avait rendu si doucement le dernier soupir, et l'intérêt qu'elle avait inspiré lui survécut. On montrait encore,

il y a quelques années, à l'hôtel de
l'Union, la chambre qu'elle avait habitée,
et un cachet qu'elle y avait laissé ; on
donnait des empreintes de ce cachet aux
voyageurs qui en faisaient la demande. Il
portait en très fins caractères la devise :
Bien faire et laisser dire. C'était une variante de celle des Custine : *Fais ce que
dois, advienne que pourra,* qui, du reste,
ne leur appartenait pas en propre. Mais
était-ce bien le cachet de Madame de Custine ? N'était-ce pas plutôt celui d'Astolphe, qui se résignait si bien à laisser dire,
mais qui se conformait moins exactement
à la première partie de la devise ?

Madame de Custine, née le 18 mars
1770, avait, au moment de sa mort, 56 ans.
La gravité de sa vie, consacrée depuis
longtemps aux œuvres de bienfaisance, la
solitude de ses dernières années, son renoncement aux choses de ce monde, tout
donne un démenti aux assertions trop romanesques de ses biographes qui lui font

entreprendre son voyage de Suisse pour y poursuivre un amant, auquel elle n'avait plus à confier que les derniers accents de ses afflictions et son adieu suprême.

Avec elle se termine la période la plus brillante de la vie de Chateaubriand et l'un des épisodes les plus passionnés des amours de sa jeunesse. Désormais, la politique absorbera l'ardeur de ce grand esprit, jusqu'au jour où le souffle des révolutions aura détruit sans retour ce gouvernement de la Restauration qu'il avait servi ou cru servir, et auquel, en fin de compte, il est au fond du cœur resté fidèle. Étranger aux affaires publiques à partir de 1830, il n'a pas cessé d'écrire. Si sa main, comme il le dit, était lasse, ses idées du moins n'avaient pas faibli ; il les sentait toujours « vives comme au « départ de la course ». Presque aussi riche d'inspirations qu'aux plus belles années de sa jeunesse, il a su créer encore de nouvelles formes et de nouvelles couleurs, et, moins ingrat qu'on ne l'a dit, il a consigné dans son œuvre de prédilection, les *Mémoires d'outre-tombe*, avec l'hommage d'une discrétion respectueuse, le cher souvenir de Madame de Custine.

FIN.

APPENDICE.

Après la mort de sa mère, Astolphe de Custine vendit le château de Fervaques où il avait été élevé, et qui passa en d'autres mains.

Puisque nous avons suivi le marquis de Custine pendant son enfance, sa jeunesse et son âge mûr, jusqu'au moment de la catastrophe qui brisa sa carrière et abrégea par le chagrin la vie de sa mère, il est intéressant de tracer de lui un portrait plus complet et de le conduire jusqu'à sa fin.

Il était tout enfant, quand son père, Philippe de Custine, condamné à mort par le tribunal révolutionnaire, refusa absolument de sauver sa vie par une évasion que Madame de Custine, toujours prête quand il s'agissait de dévouement, avait préparée, mais qui faisait courir les plus grands dangers à ses libérateurs. Astolphe ne manquait donc pas, dans sa famille, d'exemples d'honneur et d'héroïsme. En 1814, à l'âge de 24 ans, il assista au congrès de Vienne en qualité d'attaché à l'ambassade du Prince de Talleyrand. Mais il ne put garder ce poste, et avec sa mobilité habituelle, il renonça à la diplomatie. L'année suivante nous le retrouvons à Francfort avec sa mère, qui s'était déterminée à le rejoindre, bien plus pour lui donner des soins, car il était malade de corps et d'esprit, que pour se soigner elle-même.

C'est vers cette époque et dans cette ville que Madame de Custine fit la connaissance de Madame de Varnhagen d'Ense, qui, par son âme portée à l'idéal, nous apparaît comme la personnification la plus sympathique de la rêveuse Allemagne. Entre ces deux femmes dont l'une était souffrante, et l'autre pleine de tendresse, une intime amitié s'établit. Leur correspondance, qui dura jusqu'en 1820, éclaire d'une très vive lumière les traits de l'une et de l'autre et surtout de Madame de Custine.

Ici se place l'affection bizarre dont Custine, comme nous l'avons dit, s'éprit tout à coup pour un jeune homme de Darmstadt. « Ce
« dernier, dit naïvement Varnhagen, nous
« paraissait assez insignifiant, mais Custine,
« homme énergique et résolu dans tout ce
« qu'il abordait, parlait avec passion de cet
« ami dont l'intimité lui faisait éprouver, par
« une commotion du cœur et de l'âme, une
« satisfaction et une jouissance telles que
« nous n'en trouvons d'autres exemples que
« dans l'antiquité. » L'exemple de ces amours des héros de l'antiquité ne rassurait pas Madame de Custine, qui, en sa qualité de française, était beaucoup plus clairvoyante que les Varnhagen ; elle ne s'écriait pas comme eux : « Quelle noblesse de sentiments, quelle
« pureté dans cette douce intimité de l'âme,
« quel feu à la fois brûlant et sombre ! »
Elle était assiégée de terreurs et de noirs pressentiments.

Nous arrivons à la période des mariages dont nous avons parlé : Madame de Custine remuait ciel et terre pour marier Astolphe.

Espérait-elle, en lui donnant une femme, le soustraire à ses égarements? Il y a quelquefois dans les familles un égoïsme effréné qui ne se fait pas scrupule de sacrifier autrui aux chances de réformes bien aléatoires d'un être indigne. Etait-ce le cas de Madame de Custine ? Nous n'osons pas l'affirmer.

Bien des projets de mariage furent mis en avant, entre autres avec la fille du général Moreau et la fille du général Sebastiani, qui devint la malheureuse duchesse de Choiseul Praslin. On dit même que Madame de Stael, l'intime amie de Delphine, dont elle avait donné le nom : *Delphine,* à l'un de ses romans, eût un instant l'idée d'introduire Astolphe dans sa famille.

« Il se fiance enfin, à Paris, nous dit Varn-
« hagen, dans son livre déjà cité, avec une
« des plus riches et des plus notables héri-
« tières ; mais, à la stupéfaction générale, il
« rompt tout à coup ses fiançailles, sans que
« personne pût en imaginer le motif, dont il
« gardait le secret. Dans une nouvelle inti-
« tulée *Aloys,* il raconte et explique cette

« aventure sous une forme romanesque. » Ce mauvais roman d'*Aloys*, publié d'abord sous le voile de l'anonyme, est une des plus vilaines actions de Custine. Sous forme de roman, avec des situations et des noms à peine déguisés, il insulte et calomnie la famille même dont la bienveillance s'est égarée sur lui. Il outrage sa mère, déguisée sous le titre de tante : « esprit sans étendue et sans fer-
« meté, qui ne pouvait juger son caractère »,
« qui s'affligeait, dit-il, de ma tristesse sans
« en deviner la cause, que ma froideur aigris-
« sait, sans l'éclairer sur la maladie de mon
« cœur... combien je méprisais ses vues
« étroites, et combien sa sagesse bornée me
« paraissait misérable ! »

Ces pages et beaucoup d'autres du roman d'*Aloys* sont toute une révélation : nous comprenons maintenant ce que Madame de Custine cachait si discrètement, nous comprenons ses désespoirs de mère, au milieu des altercations, des emportements, dans cet enfer de la vie intime que lui faisait son fils.

Voici maintenant le portrait, assez réussi

dans son genre, de Madame de Genlis, dont il n'avait jamais eu qu'à se louer : « C'était une personne commune ; elle avait toute la bonté qui s'accorde avec la médiocrité ; elle pouvait faire beaucoup de mal par son besoin de parler continuellement des autres : il est vrai qu'elle prétendait s'occuper de leurs affaires pour leur avantage ; mais sa manière de l'apprécier était rarement la leur ; elle n'en était que plus persuadée de la nécessité de les contraindre à avoir raison comme elle. Cette *providence du commérage* s'était fait un code de lois sociales... heureusement pour nous, sa position dans le monde ne lui donnait pas l'autorité nécessaire...! elle voulait être *le tyran du bien*... on ne la supportait que parce qu'elle permettait qu'on se moquât d'elle. »

Quant aux explications que, suivant Varnhagen, Custine donne sur la rupture de son mariage, elles sont abominables, et sans doute personne ne prendra la peine de les chercher dans son roman.

Malgré tout cela, Astolphe mûri par l'âge, voyageant, écrivant, donnant son avis sur les affaires de Rome, rapportant ses conversations avec les cardinaux, et correspondant avec M. Thiers, puis avec la Princesse Mathilde, avait encore l'accès des salons. Sa tenue était irréprochable, sa distinction aristocratique parfaite, et il avait beaucoup d'esprit. Quel que fût le passé, c'était toujours le marquis de Custine, le descendant d'une grande race. — Un jour, Philarète Chasles était en visite chez la comtesse Merlin ; survint un inconnu dont la conversation tantôt enjouée, tantôt sérieuse, souvent élevée, était éblouissante. — Quand l'inconnu se fut retiré avec l'aisance et l'élégance d'un homme du monde, « Qui est-ce donc ? demanda Philarète ? Sa parole est un feu d'artifice ! » — « Oui, un feu d'artifice tiré sur l'eau, reprit la Comtesse ; il y a un fonds si triste, des profondeurs si noires ! c'est Custine ![1] »

---

[1]. Mémoires de Philarète Chasles. — Chênedollé avait déjà dit à propos de sa conversation avec Rivarol, à qui il avait été présenté le 5 septembre 1795 : « Un feu d'ar-

tifice tiré sur l'eau — *brillante et froide.* » Suivant Sainte-Beuve, à qui il faut toujours revenir en fait d'informations, c'est au duc de Lauraguais que le mot appartient.

Le marquis de Custine mourut à Saint-Gratien, le 29 septembre 1857.

TABLE DES MATIÈRES

	Pages
INTRODUCTION.	1

CHAPITRE PREMIER.

Le portrait et la légende. — Deux camps opposés. — Le mariage de Chateaubriand. — L'émigration. — Le salon de Madame de Beaumont. — Le *Génie du christianisme.* — Voyage en Bretagne.   5

CHAPITRE II.

Départ pour Rome. — Mort de Madame de Beaumont. — Madame de Custine : ses premiers billets. — Madame de Chateaubriand à Paris. — La rue de Miromesnil et la Butte-aux-Lapins. — Les *Martyrs.* — La première communion d'Astolphe.   44

CHAPITRE III.

Rupture avec Madame de Custine. — Réconciliation. — Voyage de Fervaques. Chênedollé. — Départ pour la Bourgogne. Joubert. — Nouveau voyage à Fervaques. — Jalousies de Madame de Custine.   83

CHAPITRE IV.

Mort de Madame de Caud. — Le voyage d'Orient. — La vallée-aux-Loups. — Armand de Chateaubriand. — Madame de Custine à Rome. — Le docteur Koreff. — Fouché duc d'Otrante.. 131

CHAPITRE V.

Ambassade de Berlin. Koreff. — Voyage à Fervaques. — Ambassade de Londres. — Voyage d'Astolphe en Angleterre. — Chateaubriand, ministre des affaires étrangères. — Démarches pour la Pairie. — Lettre à Madame de Genlis. — L'Infirmerie Marie-Thérèse. — La belle Polonaise.. 197

CHAPITRE VI.

La jeune marquise de Custine. Sa mort. — Aventure d'Astolphe. — Chateaubriand dans l'opposition. — Voyage en Suisse. — Mort de Louis XVIII. — Voyage de Madame de Chateaubriand à La Seyne. Massillon. — Madame de Custine en Suisse. Sa mort. . . . 243

APPENDICE. 283

PARIS. — TYPOGRAPHIE DE E. PLON, NOURRIT ET Cie, RUE GARANCIÈRE, 8.

A LA MÊME LIBRAIRIE :

Correspondance inédite de la comtesse de Sabran et du chevalier de Boufflers (1778-1788), recueillie et publiée par E. DE MAGNIEU et Henri PRAT. 2ᵉ édition. Un vol. in-8º, orné d'un portrait de Madame de Sabran, gravé à l'eau-forte par Rajon, d'après une peinture de Madame Vigée-Lebrun. Prix. . . 8 fr.

Lettres du chevalier de Boufflers à la comtesse de Sabran, par Henri PRAT. Un vol. in-8º. Prix. . . . . 3 fr. 50

Souvenirs (1829-1830), par AMAURY-DUVAL. Intérieur de ma famille; Salon de Charles Nodier; Soirées du quai Conti; Voyage en Morée; Lettres du maréchal Pélissier; Retour en France; Révolution de Juillet. Un vol. in-18. Prix. . 3 fr. 50

Histoire de la Monarchie de Juillet, par Paul THUREAU-DANGIN. Sept vol. in-8º. Prix de chaque vol. . . . . 8 fr.
(Couronné deux fois par l'Académie française, grand prix Gobert.)

Les Catholiques libéraux. *L'Église et le libéralisme de 1830 à nos jours,* par A. LEROY-BEAULIEU. Un vol. in-18. . 3 fr. 50

La Congrégation (1801-1830), par GEOFFROY DE GRANDMAISON. Préface de M. le comte Albert DE MUN. 2ᵉ édition. Un vol. in-8º. Prix. . . . . 7 fr. 50

Monsieur Thiers. *Cinquante années d'histoire contemporaine,* par Charles DE MAZADE, de l'Académie française. Un vol. in-8º. Prix. . . . . 7 fr. 50

Le Comte de Serre, par Charles DE MAZADE, de l'Académie française. Un vol. in-18. Prix. . . . . 3 fr. 50

Histoire de la Restauration, par C. DARESTE, recteur de l'Académie de Lyon, correspondant de l'Institut. Deux vol. in-8º. Prix. . . . . 15 fr.

Portraits d'histoire morale et politique du temps. — Victor Jacquemont, M. Guizot, M. de Montalembert, le P. Lacordaire, le P. Gratry, M. Michelet, madame de Gasparin, madame Swetchine, M. Taine, Alfred Tonnellé, par Charles DE MAZADE, de l'Académie française. Un vol. in-18. Prix. 3 fr. 50

Un ministre de la Restauration : **Le Marquis de Clermont-Tonnerre,** par Camille ROUSSET, de l'Académie française. Un vol. in-8º. Prix. 7 fr. 50

Mémoires de Madame la duchesse de Gontaut, gouvernante des Enfants de France pendant la Restauration (1773-1836). 2ᵉ édition. Un vol. in-8º accompagné d'un portrait en héliogravure. Prix. . . . . 7 fr. 50

www.ingramcontent.com/pod-product-compliance
Lightning Source LLC
Chambersburg PA
CBHW070743170426
43200CB00007B/626